金融安全指数报告

（国别版）

清华大学　金融科技研究院　金融安全研究中心
周道许　马天平◎著

中国经济出版社
CHINA ECONOMIC PUBLISHING HOUSE
北　京

图书在版编目（CIP）数据

金融安全指数报告：国别版／周道许，马天平著.
--北京：中国经济出版社，2022.9
ISBN 978-7-5136-7042-5

Ⅰ.①金… Ⅱ.①周… ②马… Ⅲ.①金融风险-风险管理-研究报告-中国 Ⅳ.①F832.1

中国版本图书馆 CIP 数据核字（2022）第 145568 号

责任编辑　邓嫒嫒
责任印制　马小宾
封面设计　华子图文

出版发行　中国经济出版社
印 刷 者　北京力信诚印刷有限公司
经 销 者　各地新华书店
开　　本　710mm×1000mm　1/16
印　　张　11
字　　数　164 千字
版　　次　2022 年 9 月第 1 版
印　　次　2022 年 9 月第 1 次
定　　价　78.00 元
广告经营许可证　京西工商广字第 8179 号

中国经济出版社 **网址** www.economyph.com **社址** 北京市东城区安定门外大街 58 号 **邮编** 100011

成员名单

清华大学　金融科技研究院
金融安全研究中心金融安全指数研究课题组

组　长： 周道许

副组长： 马天平

组　员： 周　京　叶子文　饶　倩
吴盈盈　马玉莹　杨嘉成
李　盟　张博祎

特别鸣谢

感谢中科金审（北京）科技有限公司、吉大正元信息技术股份有限公司对清华大学金融科技研究院金融安全研究中心建设的支持，对《金融安全指数报告（国别版)》研究和编制工作的支持。

前言

PREFACE

国家金融安全，是指一国（或地区）金融业包括金融机构、金融市场，在其发展过程中对来自国内外不利因素的干扰和冲击具有足够抵御与抗衡的能力，并保持正常运行和发展的一种稳定状态。

高度的国家金融安全水平不仅是指特定国家（或地区）在冲击前安全度较高，且该国（或地区）在遭受金融风险冲击后，所表现出的强大的风险防范、应对和化解能力。

金融是现代经济的核心，金融安全是国家经济安全的重要方面。金融越发展，金融安全越重要。中共中央政治局就维护国家金融安全进行第四十次集体学习时指出，维护金融安全，是关系我国经济社会发展全局的一件带有战略性、根本性的大事。金融安全既是国家安全的重要组成部分，也是国家安全的前提条件和重要保障。从国家安全的宏观视角看，金融安全的缺失，会导致经济安全、政治安全、国土安全、军事安全、文化安全、社会安全、生态安全等国家安全体系难以得到有效支撑和保障。

同时，金融安全对国家安全的重要性并不局限于金融安全本身。《中华人民共和国国家安全法》第二十条规定："国家健全金融宏观审慎管理和金融风险防范、处置机制，加强金融基础设施和基础能力建设，防范和化解系统性、区域性金融风险，防范和抵御外部金融风险的冲击。"把安全思维有机融入金融改革开放，使金融发展更好地体现总体安全观要求，具有系统性、竞争性、前瞻性和进取性，既是全面深化经济改革的要求，也是维护国家整体安全的需要。

国家金融安全可以分为三个层次：第一个层次是金融制度安全。金融制度安全着重强调国家在宏观层面的安全程度，主要包括信用安全、金融财富安全、国家金融安全和全球金融安全。第二个层次是金融行业安全。与第一个层次相比，金融行业安全涵盖各国（或地区）金融机构安全、金融市场安全、金融消费者安全和金融监管安全。第三个层次是金融工具安全。金融信息安全、金融网络安全、金融数据安全和金融基础设施安全均为金融工具安全重要的组成部分，可以体现出金融安全的微观结构与技术层面的相关信息。

为更好反映国家安全在新时代的变化，秉持“反映金融安全本质、突出金融风险导向、注重风险识别计量、提供前瞻预警价值”的思路，清华大学金融科技研究院金融安全研究中心通过对全球典型经济体的国家金融安全进行多层次剖析，首先研究创建国别金融安全系列指数（PBCSF－NFSI）。

根据金融服务实体经济、防范金融风险、深化金融改革三大任务，紧紧围绕国家金融安全目标，课题组将通过定量化模型方式，构建一系列国家金融安全系列指数。系列指数将按照“全球国别金融安全—中国金融区域安全—中国金融机构安全—中国金融行业安全—中国金融科技安全—中国重点领域金融安全”等顺序展开。包括对全球各国（或地区）金融安全评估后形成的国别金融安全指数、对国内各地监测的区域金融安全指数、对特定金融机构及重点行业与重点领域的金融安全指数。清华大学金融科技研究院金融安全研究中心将打造多维度、多层次、广覆盖的金融安全指数网络体系。

编制国别金融安全指数的目的，是结合我国实际经济金融状况，通过构建模型和量化分析，以指数化的方式分析国际典型经济体金融安全程度，建设以金融风险计量、金融风险评估、金融风险预警和金融风险防范为主的金融安全监控体系，为提高我国金融发展质量、强化金融安全能力建设提供参考。

当前，我国建立了由微观审慎监管、存款保险、央行最后贷款人、行为监管和宏观审慎监管五大支柱组成的金融安全网，在保障国家金融安全方面发挥了重要作用，取得了明显成效。在当前复杂的国际政治经济金融形势下，编制国别金融安全指数是一个有益的尝试和探索，可以从更高层次、更宽领域、更广角度提升国家金融安全能力。

《金融安全指数报告（国别版)》作为国家金融安全识别指数的成果之一，对国别金融安全指数的背景意义、差异性价值、构建原则、评价方法、合成算法、应用效果进行了分析和说明。在撰写过程中，得到了清华大学五道口金融学院领导的指导和重视，以及诸多教授专家的学术支持与帮助，在此由衷感谢。虽然课题组全体同志尽力探究，但由于这是一项创新性的工作，难免存在纰漏与疏忽，敬请大家批评指正。

金融安全指数研究课题组

2022 年 3 月

目录
CONTENTS

图表目录

CONTENTS

第一章

研究国别金融安全指数的背景和意义

第一节 研究背景

从全球看，随着各国金融的不断发展，金融功能的不断演化，金融日益渗透到各国政治、经济、社会、军事各个方面。当今时代，金融已深深融入并深刻影响经济社会发展的各领域和全过程，可以对国家政治、社会、军事形成全方位、系统性的影响。金融安全的程度越高，金融对国家经济命脉的支撑度就越大。一旦金融处于不安全状态，尤其是走向金融危机时，容易引发系统性金融风险，不仅会严重影响经济活动正常运行，而且会扰乱国家社会经济秩序，对国家社会稳定造成颠覆性威胁和破坏。

近 100 年来，经济全球化使得金融也随之走向全球化，国家金融安全日益依赖全球整体金融安全的程度，国家金融安全自身的构建能力体现在受到外部风险冲击时防范、隔离、抵御和维护的能力。

金融是国家的核心竞争力，金融安全既是国家安全的基石，也是国家安全的重要组成部分。我们越来越深刻地认识到：安全是发展的前提，发展是安全的保障。“十四五”规划首次把统筹发展和安全，纳入我国经济社会发展的指导思想。2021 年 11 月 18 日，中共中央政治局召开会议审议《国家安全战略（2021—2025 年）》，其中明确提出要防范金融风险，保障金融安全。今后一个时期，无论是从国内看还是从国际看，可以预见和难以预见的风险因素明显增多，我们必须坚持统筹发展和安全并行，增强机遇意识和风险意识，树立底线思维。把困难估计得更充分一些，把风险考虑得更深入一些，下好先手棋，打好主动仗，更加重视研究国家金融安全，有效防范化解金融风险，确保金融安全防线顺利构建实施。

我国如此高度重视金融安全的建设，但我国在金融安全预警体系建设方面还不够成熟。防范系统性风险、维护金融安全稳定，尚缺乏直观、可靠、先行的信息和信号系统。

考察一国总体的国家金融安全程度，直观可靠的信号系统是引入指数。通过构建指数，可以利用指数反映金融安全变化的走势，得出国家金融安全所处状态、经历历程、发展趋势，并获得比较基准和参照体系，为制定金融政策、做出金融发展决策打下坚实基础。

因此，从提高我国金融安全能力出发，构建国别金融安全指数以科学评价我国的国家金融安全现状并提供前瞻性决策建议，十分重要且必要。

第二节　编制国别金融安全指数的意义

国别金融安全指数构建后，将具备多方面的决策价值，包括但不限于以下内容。

一、预防金融风险

通过分析判断各国安全指数的数值和变化趋势，以及以往时期指数的具体情况、同时期其他国家的金融安全情况，即可对未来一定时期内我国国家金融风险情况进行评估。依据国别金融安全指数的数值情况，分析一定时间内我国国家安全指数的波动情况，确定金融风险的大小。观察国别金融安全指数中的具体因子，进一步追踪风险产生的原因，可以对金融风险类型、风险范围、风险程度进行预防，从源头规避金融风险的发生，尤其是对系统性金融危机的规避。

二、研判经济走势

金融服务实体经济，金融与实体是经济发展镜子的两面，国家金融安全领先或同步地反映经济安全。国别金融安全指数反映了我国宏观经济市场的进程内容，反映了我国在全球的联动、领先、滞后情况，便于确定我国国家金融安全在全球的位置。相关政府部门在对我国经济局面进行监测或调控时，可以将国别金融安全指数作为参考指标，金融机构也可将国别安全指数作为经营决策判断的重要依据。

三、寻找参照定位

评估我国的金融安全政策，需要参照其他国家的金融安全现状与原因机理。单独分析自身的金融不安全程度，更多源于对自身历史的追溯比较。

四、支持机构“走出去”

全球经济金融联动，出于对全球化导向和全面开放的发展定位，越来越多的机构和企业将“走出去”。在海外发展时，需要评估一国金融安全等级，明确安全现状，确定不安全的潜在威胁，提前识别不安全因素。通过认知背后原因，科学掌握国别风险，避免投资损失或不可逆敞口暴露。

第二章

国别金融安全指数差异性价值

第一节　金融安全相关指标回顾

从全球现有的国家金融管理工具看，已存在较多金融风险方面的管理指标，其与国别金融安全指数的目标与手段相似。从全球看，主要有以下几类。

一是欧盟在宏观管理方面建立的相关数据库，其中有较多金融安全的指标。主要有欧洲央行的宏观审慎数据库（Macroprudential Database，MPDB）和欧洲系统性风险委员会（European Systemic Risk Board，ESRB）发布的风险指示集（Risk Dashboard）。其强调对金融危机的解释和预测功能，覆盖了当前国际上主要的风险性指标。MPDB 数据库分为多个模块，包括宏观经济、债务与信贷、住宅、商业地产、银行业、非银行业等指标。ESRB 的风险体系包含七大类指标，分别是系统性风险合成指标、宏观风险指标、信用风险指标、资金和流动性指标、市场风险指标、盈利和偿付能力指标、结构性风险指标，同时每类包含数量不等的具体指标。但这些指标主要聚焦于欧盟内部，不考虑外汇储备保障机制和汇率波动，以欧元国家经济体的金融安全为主。

二是国际货币基金组织（International Monetary Fund，IMF）的金融稳健指标（Financial Soundness Indicators，FSIs），其也与国家金融安全存在较大相关性。IMF 在 1999 年亚洲金融危机之后构建了 FSIs。FSIs 的核心指标重点针对存款类金融机构，涉及资本充足率、资产质量、盈利能力、流动性、对市场风险的敏感性等五个方面。2013 年，IMF 又汲取 2008 年全球金融危机教训以及《巴塞尔协议Ⅲ》中的最新成果，对 2006 版 FSIs 进行了改进，将原有指标体系扩展。在核心指标中加入了房地产市场指标（如

“住房价格同比增长率”），明显增强了对房地产市场的关注。同时核心指标中新增多个与《巴塞尔协议Ⅲ》相关的指标。尤其是资本监管指标和风险监管指标，例如“资本/资产”和“损失准备金/不良贷款”，以及加入非存款类金融公司和非金融企业，强调“收入/利息支出”“债务/GDP”。可见，其主要是聚焦于金融部门中金融机构的短期经营指标，主要防范类似 2008 年雷曼兄弟等金融机构的破产和风险蔓延，但缺乏对经济增长等决定长期国家金融安全的充分考虑。

三是美国金融研究所（The Office of Financial Research，OFR）的金融稳定监测器（Financial Stability Monitor，FSM）指标体系，其也与国家金融安全紧密相关。FSM 强调维护金融稳定，不在于事后抑制市场波动或是通过预测来阻止冲击事件的发生，而在于增强体系本身的稳健性。FSM 将风险分为宏观经济、金融市场、信贷、流动性以及传染性五种，并以热图（heat map）的形式展现评估结果，每半年进行一次数据更新。OFR 偏向于选择数据频率较高、时间序列较长的指标，不只是季度数据且更关心月度数据。可见，其做了较多方法上的创新和优化，数据监测频率变高，但其主要聚焦于美国金融系统本身，未考察包括中国这样的世界第二大经济体在内的众多新兴经济体的国家金融安全新特征。

第二节　国别金融安全指数的差异性

国家金融安全已经成为国际上金融监管和宏观经济关注的重点，以国际清算银行（Bank for International Settlements，BIS）、IMF、金融稳定理事会（Financial Stability Board，FSB）为代表的国际组织和部分国家监管部门，在评估预警系统性金融风险、弥补信息数据缺口、建立国际标准等方面取得了显著进展，达成了一系列共识，但其尚不完全适合我国对国家金融安全的评估。

制定国别金融安全指数，需要考虑其对中国的国家金融安全的价值。从经济发展和金融进程看，至少需要考虑国内外在多方面的不同。

一方面，我国是全球最大的发展中国家，既面临与全球其他新兴经济体相似的金融"脆弱性"现实约束，又有不同于一般金砖国家等新兴经济体的金融"稳健性"国情。例如，2021 年下半年以来，我国一改历史上以人民币汇率与美元负相关为主的"美元升值、人民币贬值"关系，转变为"美元升值、人民币同步升值"的现状。这与同样作为新兴经济体的其他金砖国家表现不同。如图 1 和图 2 所示。

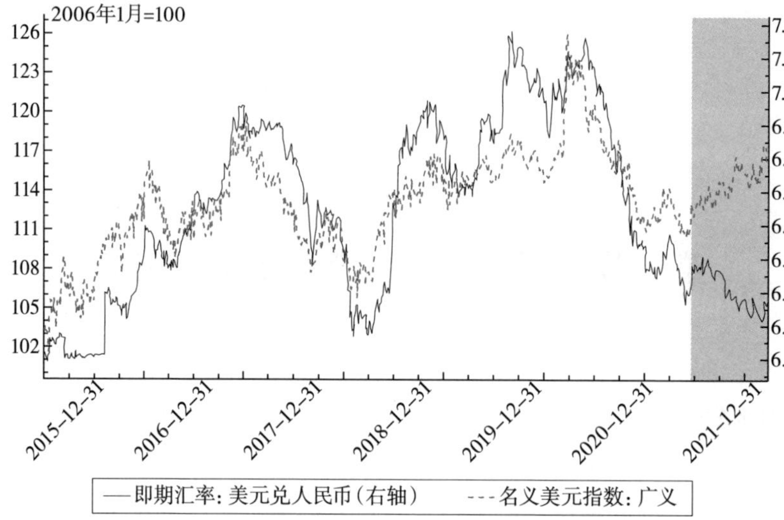

图 1　中国作为新兴经济体近年来汇率与别国的不同

数据来源：五道口金融安全中心、Wind、Bloomberg。

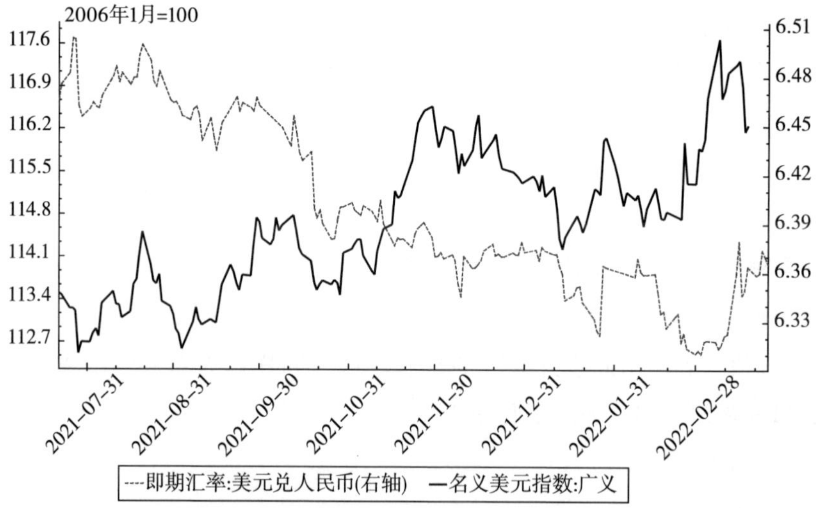

图 2　中国作为新兴经济体 2021 年来汇率与别国的不同

数据来源：五道口金融安全中心、Wind、Bloomberg。

另一方面，我国已经是世界第二大经济体和全球实体经济制造门类最全的国家，外汇储备等金融指标全球排名第一。但我国货币尚未完全国际化、资本账户尚未完全开放，又不同于美国等美元货币体系的国家。这就要求我们在评估国家金融安全时，充分考虑这种现实以及背后的金融进程差异。

国内的金融安全研究主要发生在2008年金融危机之后，2013年之前。蒋海和苏立维（2009）结合中国实际，选择微观、宏观和国际市场三大类共17个金融经济指标，采用主观赋值与主成分分析法确定指标权重，对中国1998—2007年金融安全进行估算，并在此基础上，选择影响金融安全的主要风险变量对中国金融安全进行实证。分析发现：银行的违约风险（不良贷款）和国际游资风险构成了中国金融安全的主要威胁；资本市场风险与中国金融安全状况同方向变动；而利率风险、汇率风险和通胀风险对中国金融安全的影响并不显著。何德旭和娄峰（2012）分别从宏观经济安全、中观经济安全、微观金融市场机构和国际外部风险冲击四个方面选择22个基础指标，构建了中国金融安全指数，通过主成分分析和主观赋值相结合的方法，确定各基础指标权重，刻画了1985—2011年中国金融安全状况。顾海兵和张安军（2012）构建了中国金融安全监测指标池，从宏观经济运行、金融机构运行与外部金融风险三个维度构建了中国金融安全监测评价指标体系，在通过层次分析法（The Analytic Hierarchy Process，AHP）确定指标权重和划分中国金融安全区间与警戒区间的基础上，对1995—2009年中国金融安全指数进行了定量测度。

综合来看，中国金融安全研究的主要切入视角多是从国内的宏观、微观或中观出发，没有放入国际坐标系中进行考察、分析。同时，采用的方法大多是主观赋值和主成分分析。受当时历史条件所限，不仅数据量较小，数据区间较窄，主成分分析后的可用性也大幅降低，无法直接发挥解决实际金融安全问题的作用。数据变形后的因子较为抽象，成为远离现实、难以操作落地的孤立性、理论性学术点。因此，需要考虑当前中国国情和金融发展机制的进程，为中国国家金融安全管理提供实际决策服务。

为此，我们尝试改进已有的方法，结合全球的指数进展，研发新的国别金融安全指数。

第三章

国别金融安全指数构建体系

构建国别金融安全指数，需要站在全球的系统性角度进行考察。将全球金融联动的共性特征、国际金融相互依赖的现实，与中国金融的特定差异以及中国金融的传导机制结合考虑。以国际视角的方式，得出中国与他国的差异性评估结果，从而为提高中国的金融安全能力提出参考性价值。

第一节 国别金融安全指数的监测目标

一、国别金融安全指数监测内容

国家层面的金融安全总体指标应紧紧围绕经济、社会的综合面展开。对于一国而言，除了可以监测其政治稳定程度、人口结构变化、军事保障条件等因素之外，较为直接的方式是监测经济和金融状态。由于其他因素均会通过经济和金融进行反映，所以本指数不直接监测政治、人口、军事、外交等间接性因素。

对金融安全状态的监测，可以同步从已经处于不安全的镜像状态得到反映。除此之外，过度繁荣的金融状态可能隐含着较大风险，从而导致金融不安全事件发生。因此，潜在的金融不安全，也是金融安全指数需要重点监测的领域。

全球主要经济体的金融安全，由于国家（或地区）不同，存在一定差异。通过金融理论分析和金融大数据测算检验发现，可以概括分为发达经济体的国家金融安全与新兴经济体的国家金融安全两类。发达经济体由于政治稳定、经济发达、军事保障有力、制度成熟，往往国家币值稳定，即使对外债务较多，外汇储备较低，金融安全程度依然较高。

新兴经济体由于政治不稳定、经济处于贫困或起步初期、制度建设匮乏等因素，严重依赖外部资金对本国的投资，一旦外部资金因缺乏安全预期而快速撤资，往往引起该新兴经济体的经济动荡。经济动荡表现在国家货币贬值、风险资产价格暴跌、物价暴涨等方面，意味着金融安全不复存在。综上所述，发达经济体更多的金融不安全由内在聚集的因素引致，但新兴经济体的金融不安全常常受外部的外生因素驱动。

基于此，在国家层面的金融安全总体指标，既需要考虑经济衰退萧条时的金融安全状态，还需要考虑经济繁荣，尤其是繁荣过度时的隐性不安全状态。评估我国金融安全既需要考虑发达经济体的金融不安全机制，还需要考虑新兴经济体的金融不安全模式。在初步梳理了全球相关模型和算法之后，结合中国的金融实际情况和国际主要经济体的金融指标，本指数将国别金融安全的监测内容分为内外两方面因素以及衰退萧条和繁荣过度两方面，一起构成四个象限，如表 1 所示。

表 1　国别金融安全指数监测内容

典型的监测内容	衰退萧条引致	繁荣过度引致
外生驱动	资产抛售	外债失衡
内在集聚	滞胀积累	杠杆扭曲

从表 1 中可以发现，作为一个经济体，尤其是开放经济体，当处于全球分工链条之中时，他国的外生驱动、经济分工的剥离脱钩与资本流动得过激过快，会导致国内金融资产易被抛售，金融资产价格大幅波动。即使当前国内金融安全程度较高，处于繁荣上升期，但当同时存在国际债务失衡、外债比例过高时，则存在潜在的不安全因素，一旦外生诱导的资金规避、逃离、转移发生，可能会引致国内金融安全的坍塌。

与此同时，国内的内在因素如果长期集聚，经济增长停滞、通货膨胀急剧上升或者严重通缩，会使得金融不安全程度升高。即使国内经济繁荣，政府、居民和企业三大部门均欣欣向荣，但如果繁荣过度并形成泡沫，杠杆率急剧上升，也会导致金融安全下降，降为不安全状态。

通过划定四个象限的方式，可以对应至宏观经济层面、财政货币政策层面、主流金融市场层面、金融机构层面，既覆盖了货币市场、债券市场、股票市场、外汇市场等，也囊括了对于货币危机、信用危机、银行危机、债务危机、股市危机等各方面金融危机的安全测度。

二、国别金融安全指数的监测层次

除确定监测内容外，还需要确定监测层次。金融安全的结果，背后需要多个层次的条件支撑，包括“经济增长持续、国际收支平衡、物价水平合理、就业增长稳定”等方面。但在这些层次中，有的属于决定金融安全的长期性条件，有的属于扰动金融安全的短期性因素。如果不区分层次，难以清晰厘定影响金融安全的内在机制。

对监测内容的分层，可以从金融服务实体经济的规律出发，按照“长期上金融支持经济发展、中期上金融优化经济结构、短期上金融匹配经济政策”三层考虑经济对金融的反作用。金融对经济的支撑，是一个互动匹配的过程，金融与经济融为一体，金融安全与经济安全互为支持，形成动态过程。

在这一动态过程中，金融与经济并不是由纯市场行为单一自发驱动，而是受“市场—政府”二元结构制约。政府可以采取对应的货币政策和财政政策甚至行政措施进行提前预防干预。例如，他国经济体对本国资产的抛售和债务到期履约，政府的金融政策可以通过逆向调节，动用外汇储备、资产回购等方式进行应对，从而保持货币价值的稳定、汇率的均衡。又如，本国国内的滞胀风险与杠杆失衡，政府降息降准，也同样可以通过调结构、促增长等方式维持经济软着陆，保持金融的平稳发展。

但当政府的政策不能及时和有效应对外生冲击或不能前置发现内在集聚风险时，则可能难以挽回金融安全度。也即政府的金融政策错配程度，很大程度上决定了金融安全的好转或恶化的方向。

因此，本指数聚焦于监测至少三个层次的金融安全指标，监控整体的国家金融安全。如图 3 所示，国别金融安全指数的监测层次，聚焦于三方面。

图 3　国别金融安全指数的监测层次

首先是金融政策错配度，主要是货币政策、财政政策以及金融市场监管政策。具体而言，这些政策包括人民银行的加息、降息政策，对汇率水平的控制政策，对证券市场股价和对国债利率的管理政策。这些政策与实际的金融现状是否错配，错配是否带来金融安全隐患，是国别金融安全指数监测的重点内容。

其次是金融结构失衡度，主要是经济体各部门的金融杠杆率，资产价格与收入增长之间的匹配程度，外储和外债的结构优度。具体而言，一个经济体的居民部门、金融部门、非金融企业部门的杠杆率高低以及杠杆变化的快慢，均会影响金融安全。同时，如果资产价格剧烈上涨或急剧暴跌，与经济基本面脱节，尤其是资金来源失衡，则会导致市场风险转化为流动性风险，继而衍生为信用风险，进一步造成金融安全被破坏。尤其对于开放经济体，外债和对外储备的同步增长，或者升降不一致，均会导致金融不安全。这些结构的失衡，是金融安全的隐患，监测和预警这种结构性失衡，是国别金融安全指数的重点目标。

最后是金融发展支撑度，主要是经济基本面对金融安全的支撑。国家金融安全的长期来源，本质上源于经济持续稳步发展和经济健康增长。如果经济不能稳步增长，不能动态保持活力，金融安全就失去了支撑的根基。发展是第一要务，通过发展促安全，通过增长化解金融风险，是获得金融长治久安的根本之道。因此，国别金融安全指数充分考虑了经济发展对金融安全的长期支撑作用。

由此，将金融活动划分为金融政策、金融结构、金融发展三个层次。结合前述的四方面监测内容，可以形成“4×3”的监测矩阵。通过监测矩阵，既能抓住各国主要金融安全的矛盾变化，又能保持统一口径，便于对各国进行分析，从而得出中国的国家金融安全程度；同时兼顾国内经济结构的特点以及全球的数据可得性，注重金融和实体经济的联动观察。

第二节　国别金融安全指数的指标

一、指标选取原则

基于上述要求，国别金融安全指数的具体指标选择，需要考虑多方面的原则。

首先，国别金融安全指数的指标选取需要具有代表性、独立性、国际性和获得性。具体而言：

1. 代表性：对每类指标，考察其在金融安全理论逻辑的代表性和实践使用的代表性。避免指标过多但效果不强，强调指标的明确信号功能，防止指标集沦为数据库。

2. 独立性：选择的指标注重相互之间的相对独立，尽管经济体内部以及实体与金融之间相互内生，但为了避免合成谬误，尽量选择相关性较低的指标。

3. 国际性：充分考虑国内外指标的通用特征，有利于其清晰量化，以便知晓我国金融安全的差距和不足，为我国金融安全指明方向和定量测度。由于不同国别中指数的有效性、活跃程度不同，在同类指标下，不同国别中的具体指标有所差异。选择通用的指标，尽管可能会牺牲指数在国别市场上的风险刻画精度，但不影响国家之间指数的可比性。在可比性基础上，考虑国别差异，对指标进行差异化考量或对同一类指标采用不同测度方式。

4. 获得性：部分国家开放度较低，或者出于国家安全需要，不公布基本经济与金融数据，这使得我们难以获得相关数据，如朝鲜或欧盟部分国家。同时，不同的经济体在数据发布上，往往处于非统一口径、非统一频率、非统一颗粒度，这使得我们即使可以获得数据，也无法将其作为指数原料使用。因此，我们选取在各个国家可获取的、有较长时间的指标。

其次，国别金融安全指数的指标选取需要实证性。国家金融安全的刻画较为复杂，除了资深的金融研究经验，还需要查看科技化的数据实证检验结果。不同的国家，有的规模较小，不具有代表性；有的较为封闭，数据和信息不及时不可靠，给指数构建带来干扰因素，需要先对它们进行定量筛选和模型测度，实证后再放入指数。

再次，国别金融安全指数的指标选取需要考虑极端性。只注重宏观总量指标或平均指标，会掩盖样本中的极端值，当分散的微观数据难以反映出极端情况的变化时，难以得到对系统金融安全有清晰判别价值的信息。

除此之外，构建国别金融安全指数的指标选取，需要满足如下四方面操作原则：

1. 可解释原则：指数及其构成具有经济可解释性，不可过度依据机器黑箱化学习结果。

2. 可监测原则：满足一定频率的监测要求，不可停留在年度、季度的低频水平。

3. 通用性原则：指标体系在国际范围内具有通用性，不可只聚焦于某些国家的某个特定指标。

4. 有效性原则：对国别金融不安全有识别和预测作用，防止无效占位。

二、指数核心指标

本指数依据上述原则，先通过金融理论分析，继而进行相关性测算、T 值检验，再进行方差分析排序、冲击度 VAR 值测算、不同时间频次波动率换算，从近千个指标中，筛选出了 10 个核心指标。实证发现，筛选的指标，既能监测国家货币价值的变动，又能反映金融风险资产的变动，还能对国家信用等级、国家储备情况、物价变动水平、国家经济收入增速、居民以及企业融资程度、国际刚性资本约束等一系列情况进行监测分析。筛选出的核心监测指标，前 10 个汇总如表 2 所示。

表 2　实证的国别金融安全指数核心指标

监测对象	核心指标	说明
国家货币价值	本币汇率	可以灵敏、及时反映一国金融综合安全程度在全球的边际变化
风险资产变动	股票综合指数	作为一国经济中金融风险偏好程度的反映
国家利率水平	长久期国债利率	可以反映国家信用等级及经济发展和物价的综合变化情况
金融储备情况	外汇储备	可以反映一国金融在全球资本流动及国际贸易中分工连接的稳健程度
物价变动水平	通货膨胀	可以综合反映物资短缺、实体经济供需链条、上下游传递速度以及本国货币的真实购买力情况
国家经济收入增速	国内生产总值增速	可以反映一国创造经济财富的能力，说明金融对实体经济的支撑程度
企业驱动的经济繁荣程度	非金融部门债务杠杆比例	可以反映企业部门的债务失衡情况，反映金融的结构性安全程度
居民驱动的经济繁荣程度	居民部门债务杠杆比例	可以反映居民部门的债务情况，反映金融的结构性安全程度
国际资本约束程度	外债总量及比例	可以反映一国接受外国投资的刚性约束程度
核心资产价格	城市房价水平	可以反映一国经济繁荣程度与健康水平

如表 2 所述，部分指标可及时反映出中国人民银行的加息或降息效果，部分指标聚焦于开放经济体中外资和外债对一国经济体的影响，部分指标着眼于国内金融的失衡比例。如汇率作为重要的经济指标，是一国货币与另一国货币的比率或比价，或者说是用一国货币表示的另一国货币的价格，反映了货币的供求程度，也反映了一国货币与另一国货币的相对价值高低，体现了一国金融综合安全程度在全球的边际变化。

第三节　国别及指标的筛选原则

一、国别的筛选原则

截至 2020 年，全球共有 233 个国家和地区，其中有 197 个国家（主权国家 195 个，准主权国家 2 个）、36 个地区。这些国家或地区，有的具有完备的金融市场，有的则没有独立的金融市场。本指数对国家的选择，基于指标前述的原则，排除了以下三类国家。

一是暂不考虑金融市场建设不足的国家。我们根据 GDP 情况对国家或地区的贫困程度进行了界定。2020 年全球 GDP 为 84.7 万亿美元，全球人均 GDP 为 1.09 万美元。按照世界银行相关组织的 GDP 标准，低收入国家的年 GDP 为 4597 亿美元。根据临界值，全球各国可以分为低收入国家、最不发达国家和重债穷国等类型。如表 3 所示。

表 3　全球不同国家经济体分类（按 2020 年 GDP 划分）

指标	金额
全球人均 GDP	10918 美元
低收入国家 GDP	4597 亿美元
低收入国家人均 GDP	691 美元
最不发达国家 GDP	11142 亿美元
最不发达国家人均 GDP	1053 美元
重债穷国 GDP	7977 亿美元
重债穷国人均 GDP	986 美元

资料来源：世界银行。

表 3 中，总 GDP 在 7977 亿美元及以下的国家，为重债穷国，大多数

的最不发达国家和重债穷国，往往不存在完备的金融市场。其金融市场变动较小，经济较为落后，金融不发达。金融看似处于“低波动、低动荡”的安全状态，但实际上为绝对贫困的金融不安全状态。此类国家，暂不纳入本指数考虑范畴，也不作为指数的实证对象，如朝鲜，GDP 约为 315 亿美元，占世界约 0.03%，评价其金融安全的意义较小。

二是暂不考虑封闭经济体国家。从进出口数据看，2020 年全球出口金额 17.6 万亿美元，中国出口占世界出口份额比例高达 14.5%，相比美国的 8.1% 高出 6% 以上，比俄罗斯的 1.8% 高出 10% 以上。封闭经济体往往占世界出口不足 1%，例如，伊朗占世界 0.3%，古巴占世界 0.01%，朝鲜占 0.0005% 的世界份额。一国的贸易出口金额代表了全球他国对该国的需求程度，贸易金额较小，贸易类型较为单一时，则容易与全球脱钩。甚至因其与全球关联度弱，全球可以忽视其对全球金融市场的关联影响，可对其进行经济制裁、金融切断而不必担心引发全球金融危机。封闭经济体的金融安全受国际贸易扰动的因素较小，评价其金融安全的意义也较小，本指数暂不考虑该类经济体的金融安全，如伊朗、古巴。

三是暂不考虑国民人均收入较高但国家规模较小的“中立”型经济体。部分国家土地面积和人口总量较小，占世界 GDP 不够高，尽管其有完备的金融市场，但暂不是本指数充分考虑的对象。如瑞士，尽管其国家货币是典型的避险货币，金融安全程度较高，但其年度 GDP 为 7518 亿美元，占世界 0.88%，不足 1%，且其国家制度中立的属性为金融安全提供了不同保障机制。又如新加坡，人均 GDP 位居亚洲第一，金融市场高度开放，但无中央银行，该类国家对中国的参考价值较低。

四是充分考虑国家较小但金融市场发达的“独立”经济体。部分国家的土地面积和人口总量较小，占世界 GDP 也不够高，但具有独立的货币政策和财政政策，金融安全的变动具有代表性，如韩国、泰国。

因此，综合考虑开放程度、货币政策独立性、出口导向和市场化程度较高的国家，尤其是 33 个发达经济体 DM（Developed Market Economies）中的典型国家，以及新兴经济体 EM（Emerging Market Economies）中的金砖国家，充分考虑其对中国的参考性。

经过实证，本指数选取了 15 个国家，包括美欧发达经济体中的 G7（Group of Seven，七国集团）部分国家，也选取了 G20（Group of 20，二十国集团）中典型的韩国、土耳其等国，还包括非 G20 但透明度较高、政府稳定开放的国家，如泰国。

国别金融安全指数中涵盖的国家如表 4 所示。

表 4　国别金融安全指数中的国家筛选

序号	国家名称	经济体发达程度	所属地理区域	是否 G7/G20 国家
1	中国	EM	亚洲	否/是
2	美国	DM	北美洲	是/是
3	日本	DM	亚洲	是/是
4	印度	EM	亚洲	否/是
5	韩国	DM	亚洲	否/是
6	俄罗斯	EM	欧洲	否/是
7	巴西	EM	南美洲	否/是
8	土耳其	EM	欧洲	否/是
9	南非	EM	非洲	否/是
10	泰国	EM	亚洲	否/否
11	加拿大	DM	北美洲	是/是
12	澳大利亚	DM	大洋洲	否/是
13	英国	DM	欧洲	是/是
14	德国	DM	欧洲	是/是
15	法国	DM	欧洲	是/是

二、国别核心指标变化情况

按照前述国别情况，考察中国、美国、日本、印度、韩国、俄罗斯、巴西、土耳其、南非、泰国、加拿大、澳大利亚、英国、德国和法国的金融安全程度。

1. 各国整体国家货币安全变化情况

汇率是两种货币之间兑换的比率，亦可视为一个国家的货币对另一种货币的价值。汇率会因为利率、通货膨胀、国家的政治和军事社会等原因变动，是一国当期金融安全变化的整体及时体现。除了反映金融安全情况，汇率的变动也会进一步加剧金融安全的恶化或者促进金融安全的提升。一国汇率的升降，对进出口贸易、经济结构和生产布局等会产生持续影响。汇率是重要的金融调节杠杆，汇率下降，能发挥促进出口、抑制进口的作用。

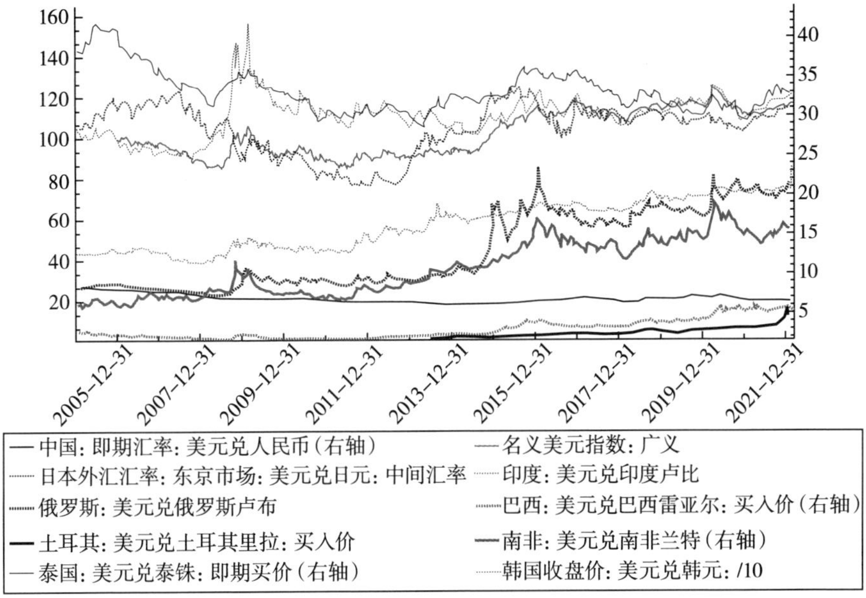

图4 各国国家货币安全变化情况

数据来源：五道口金融安全中心、Wind、Bloomberg。

图4中，横轴为时间，纵轴为汇率值或汇率指数值。可以看出，发达经济体的汇率与新兴经济体的变化不同，所反映的金融不安全方向和程度也不同。在指数构建中，需要考虑这种差异性。

2. 各国经济金融风险偏好程度的变化

综合股票指数是为度量和反映股票市场总体价格水平及其变动趋势而编制的股价统计相对数，是反映市场所在国社会、政治、经济变化状况的晴雨表。当股票价格指数上升和下降时，表示国家金融安全中风险资产价格发生变化，反映了金融风险偏好程度随之变化。

图5中，横轴为时间，纵轴为股票指数值或股票指数倍数值。可以看

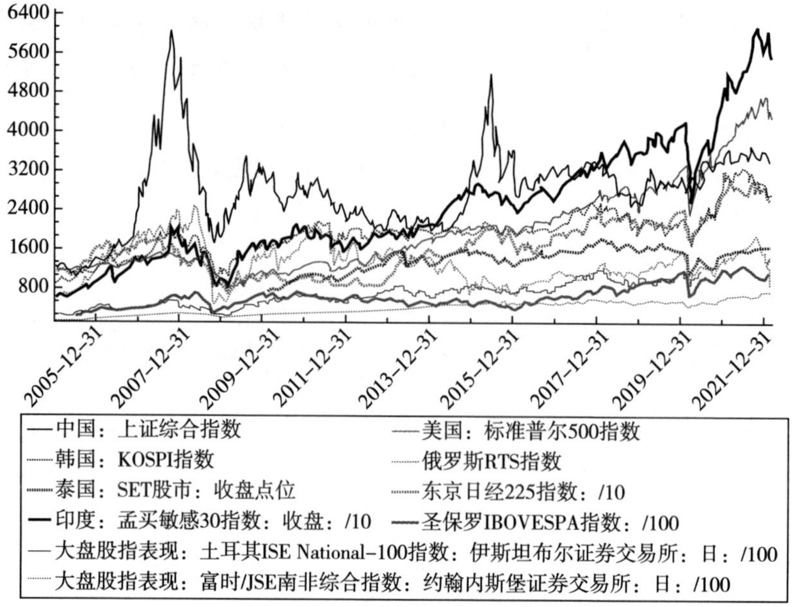

图 5　各国经济金融风险偏好程度的变化

数据来源：五道口金融安全中心、Wind、Bloomberg。

出，部分国家的股指波动率巨大，部分国家的波动率较小，反映背后金融不安全的程度不同。在指数构建中，需要考虑风险资产价格变化的代表性。

3. 各国国家信用等级跃迁变化

国债是以国家信用为担保的债券，其收益率也被市场视作无风险收益率，国债利率反映出该国经济基本面的发展前景。国债利率为一国金融性资产提供定价之锚，隐含着预期长期投资回报率的变化。不仅如此，国债利率也反映一国货币市场资金的松紧，揭示金融市场的流动性情况，显示出长短期资金供求关系的相对变化。

图6中，横轴为时间，纵轴为国债利率值（单位:%）①。可以看出，有的国家国债利率较高，有的国家收益率长期下行，但波动率较小，收益率及其波动率水平反映了金融不安全的等级程度差异。在指数构建中，考

① 部分国家的数据缺失，导致图形中存在空缺取值，或呈现垂直下行与上行波动情况。

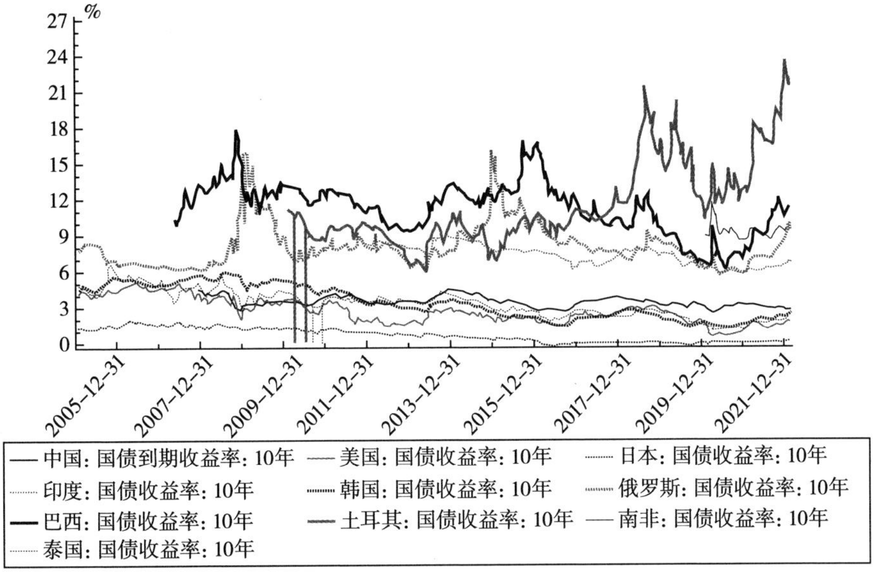

图6　各国国家信用等级跃迁情况

数据来源：五道口金融安全中心、Wind、Bloomberg。

虑国家国债利率这种无风险利率变化情况。

4. 抵御国际风险的能力变化情况

外汇储备是为了国际支付的需要，由各国的中央银行及其他政府机构掌握，并可以兑换成外国货币的外汇资产。外汇储备越多，代表一国的资产储备越高，在国际经济事务上就有更多的资金支持。发生金融危机时，更多的外汇储备意味着一国有更多的能力抵抗汇率风险，外汇储备代表了一国的抗风险能力，尤其是对于新兴经济体而言。

图7中，横轴为时间，纵轴为储备资产同比值（单位:%）。可以看出，发达经济体国家的外汇储备一般变动较小，新兴经济体国家的变动较大，波动率较大。这反映了不同类型国家所面临的金融不安全存在底层因素的差异。在指数构建中，需要考虑不同类型国家的储备差异特征。

5. 各国通货膨胀对金融安全的隐患情况

通货膨胀是消费端的物价上涨，通货膨胀来自货币贬值、需求拉动、成本推动、结构失调、供给不足、预期不当、体制缺陷或以上因素的联合作用。通货膨胀与金融安全密切相关，一旦出现恶性通货膨胀，说明一国金融安全出现

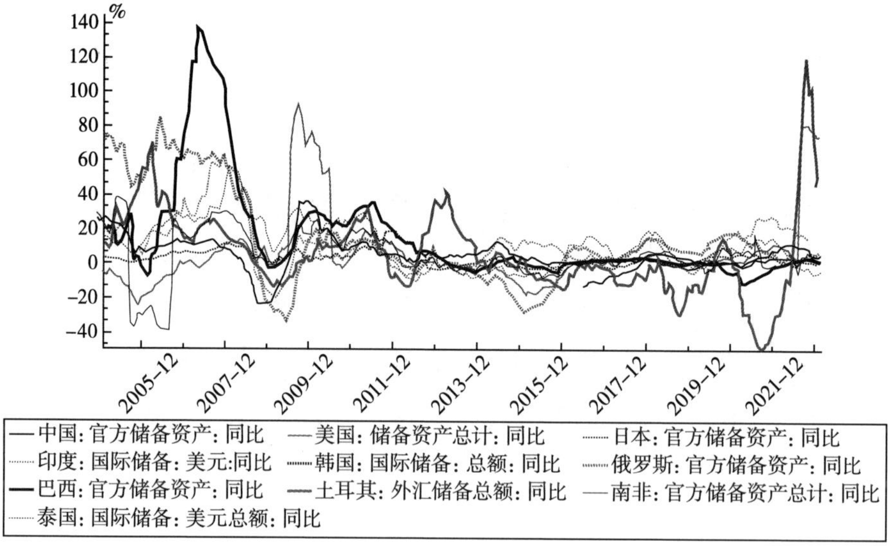

图7　抵御国际风险的能力变化情况

数据来源：五道口金融安全中心、Wind、Bloomberg。

了巨大的威胁。长期处于严重的通货紧缩，也会对金融安全造成损伤。

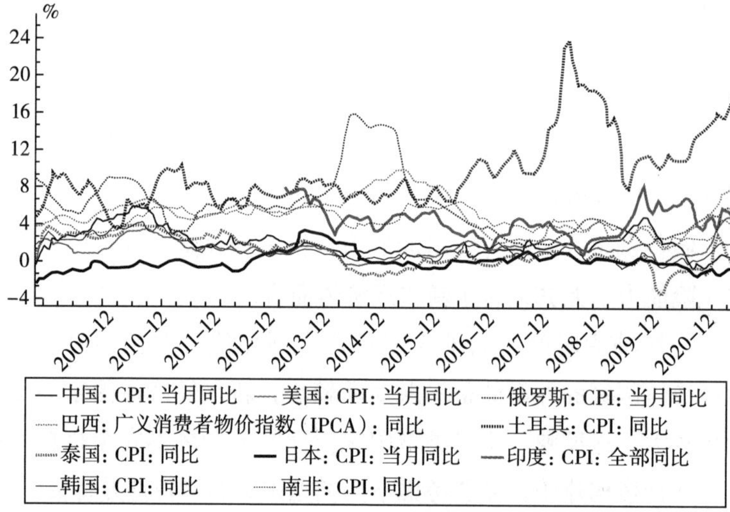

图8　各国通货膨胀对金融安全的隐患

数据来源：五道口金融安全中心、Wind、Bloomberg。

图8中，横轴为时间，纵轴为通货膨胀值（单位：%）。可以看出，部分国家的通胀变动剧烈，尤其是新兴经济体国家的变动较大，波动率较

大，这反映了新兴经济体国家金融安全的脆弱性更强。在指数构建中，需考虑不同类型国家的通货膨胀差异特征，注重其对金融安全的影响系数。

6. 各国核心资产泡沫对金融安全的隐患

核心资产泡沫，对大多数国家而言，是房地产资产价格的非理性上涨。当房价脱离基本的经济支撑，在持续的非理性投资驱动下，严重偏离基本价值，将导致资产价格的高估。核心资产泡沫的出现，对于一国实体经济与金融安全的影响不容忽视，美国的次贷金融危机就是例证，是衡量金融安全的重要指标。

图9中，横轴为时间，纵轴为价格指数同比值（单位:%）。可以看出，大多数国家的核心城市房价持续上行。就波动性而言，新兴经济体国家的波动率更大，这同样反映了新兴经济体国家金融安全的脆弱性更强。在指数构建中，纳入房价这一核心资产，可以充分考虑经济过度繁荣对金融安全的影响。

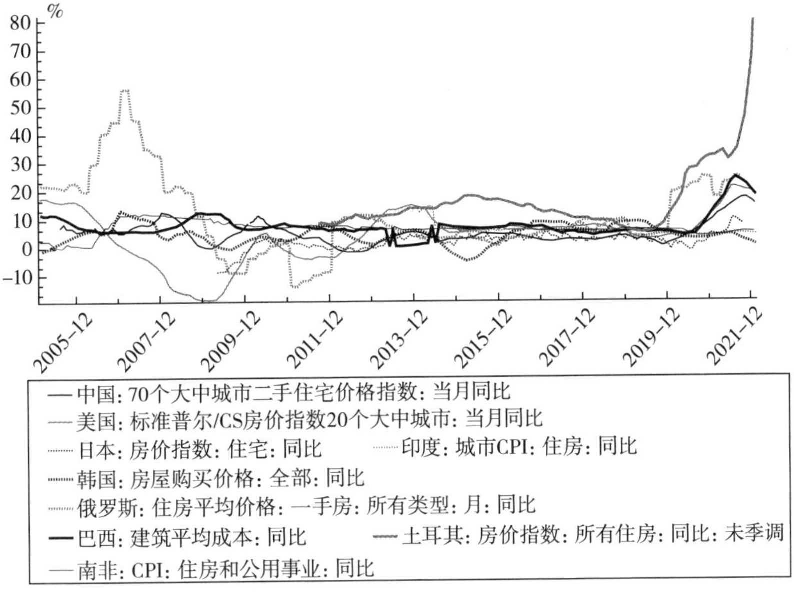

图9 各国核心资产泡沫对金融安全的隐患

数据来源：五道口金融安全中心、Wind、Bloomberg。

7. 各国经济增速对金融安全的支撑

经济增速，在本指数指标体系中体现为国内生产总值（GDP）增速。GDP 是一个国家（或地区）所有常住单位在一定时期内生产活动的最终成果，是国民经济核算的核心指标，也是衡量一个国家（或地区）经济状况和发展水平的重要指标，可以反映一国（或地区）的经济实力和市场规模。当一国 GDP 增速逐渐呈现下降趋势，表明该国金融不安全的隐患增加，其根本原因在于经济对金融安全的支撑度变弱。

图 10 中，横轴为时间，纵轴为 GDP 同比值（单位:%）。可以看出，全球经济一体化明显，呈现共同繁荣和衰退的态势。但衰退时，新兴经济体国家走在前列，而繁荣时，新兴经济体国家却处于较慢速度。

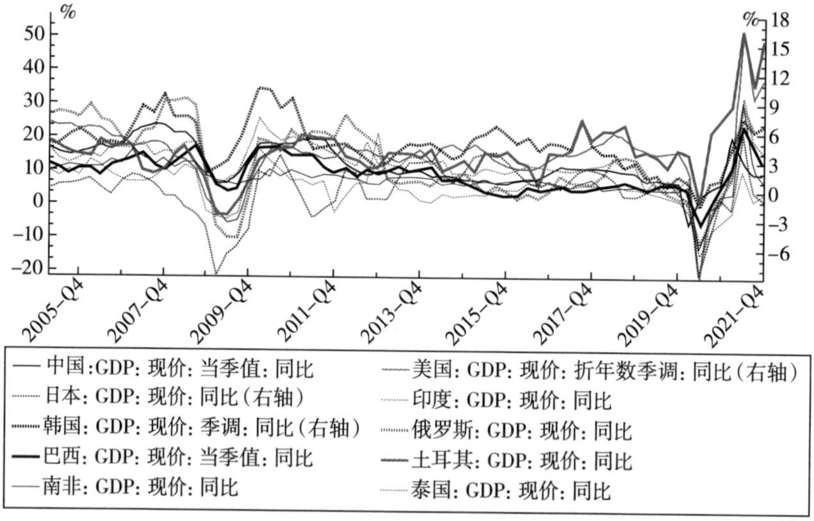

图 10　各国经济增速对金融安全的支撑

数据来源：五道口金融安全中心、Wind、Bloomberg。

8. 各国居民或企业部门过度繁荣带来不安全因素

居民或企业部门的繁荣，往往是通过负债来实现，以较小的资本金控制较大的资产规模。但如果杠杆率过高，不仅会引发金融资源错配，延缓经济转型升级，债务负担过重还会降低经济增速，加剧市场动荡，易引发金融风险，因此，居民或企业部门杠杆率也是金融安全程度的风向指标，从一国内部经济情况反映其金融安全水平。

图 11 与图 12 中，横轴为时间，纵轴为杠杆比率值（单位:%）。从两

幅图中可以看出，大多数国家在债务驱动下，居民部门和企业部门的杠杆率近年来均持续上升，但新兴经济体的波动率往往更大。

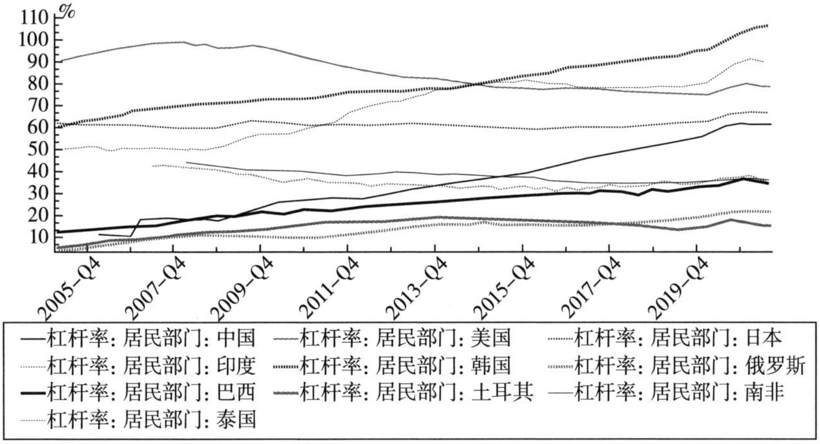

图 11　各国居民部门过度繁荣带来不安全因素

数据来源：五道口金融安全中心、Wind、Bloomberg。

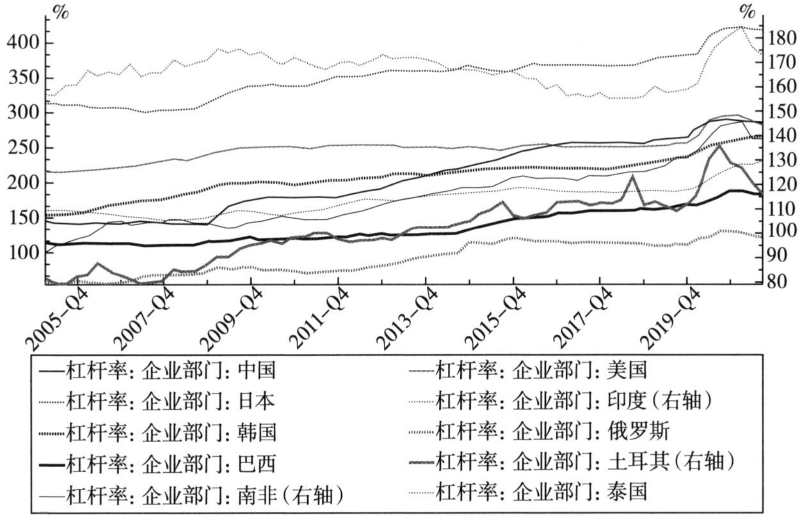

图 12　各国企业部门过度繁荣带来不安全因素

数据来源：五道口金融安全中心、Wind、Bloomberg。

国别金融安全指数指标体系保留了上述核心指标，也在指数的测试与检验中，剔除了部分指标。这些指标往往由于数据发布迟缓、发布时间参差不齐，对金融安全的监测度相对乏力。如图 13 至图 16 所示。

图 13 中，横轴为时间，纵轴为外债资产与 GDP 比值（单位:%）。

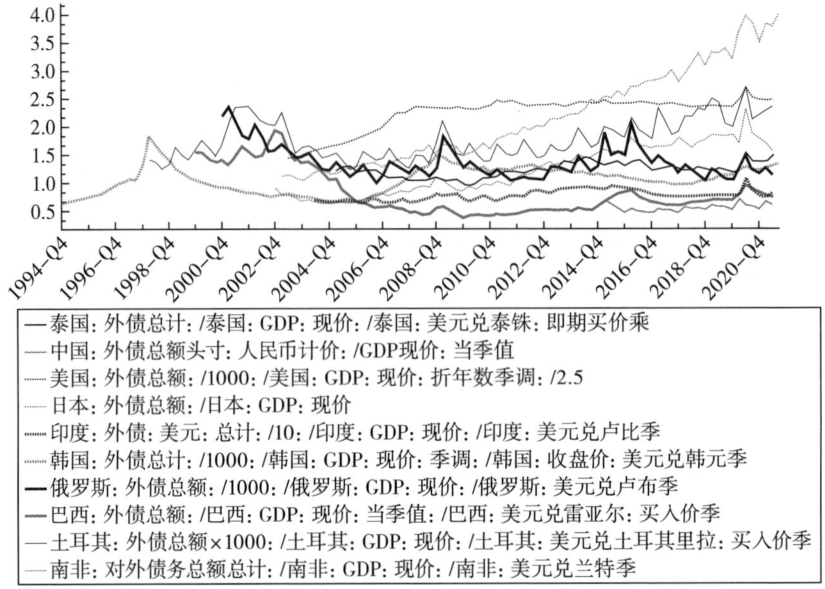

图 13 各国外债总额与 GDP 比值变化

数据来源：五道口金融安全中心、Wind、Bloomberg。

图 14 中，横轴为时间，纵轴为利率值（单位:%）。

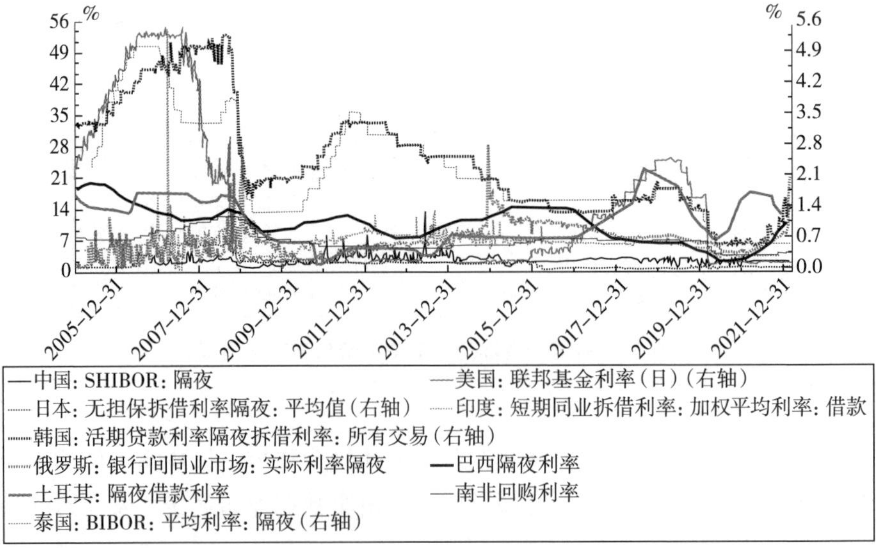

图 14 各国央行调整的短期利率变化

 数据来源：五道口金融安全中心、Wind、Bloomberg。

图 15 中，横轴为时间，纵轴为广义货币同比值（单位:%）。

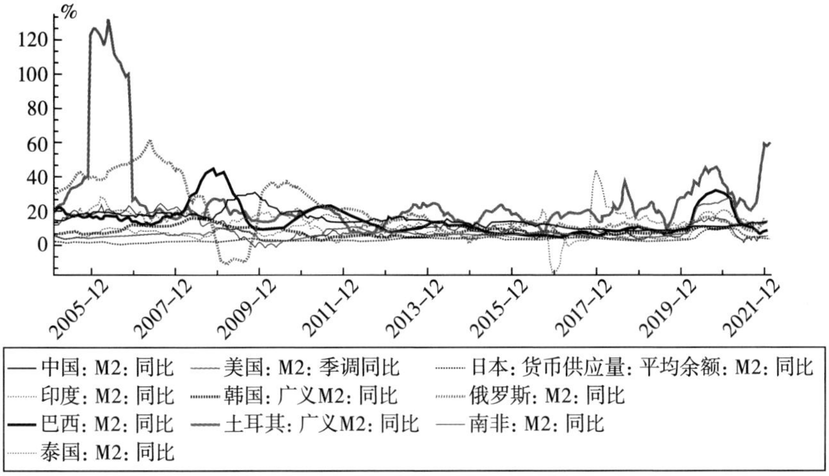

图 15　各国广义货币供应量 M2 变化

数据来源：五道口金融安全中心、Wind、Bloomberg。

图 16 中，横轴为时间，纵轴为杠杆比例值（单位:%）。

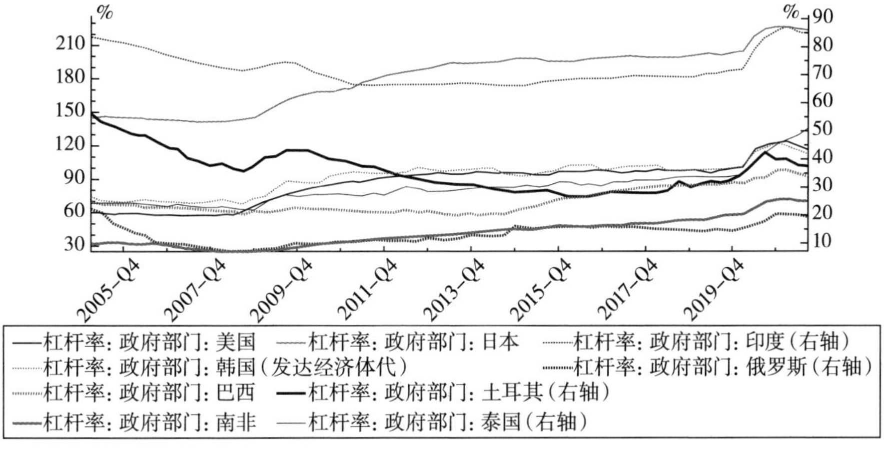

图 16　各国政府部门杠杆率

数据来源：五道口金融安全中心、Wind、Bloomberg。

在图 13 中，外债总额这一指标因部分国家（如日本、美国、G7 中的欧洲各国）与一般的新兴经济体国家相比，差异较大，不具有监测性。以图 14 中隔夜利率为例，因波动率不具有稳定性，其对金融风险的噪声过大，且国债指标可实现对该指标的功能性代替。又如图15中广义货币供应M2，世界各国数据发布时间参差不齐，且各国所发布的数据从口径到类别和翔实水平都相差甚远，因此将其舍弃。而图16中政府部门杠杆率这一指标，对各国产生金融危机的影响不尽相同，政府破产对于中国几乎没有借鉴价值，因此政府部门杠杆率这一指标也不采纳。

除此之外，未被纳入的指标较多，部分如表5所示。

表5　部分未被纳入的指标及原因

指标名称	明细指标	未被纳入原因
失业率		数据滞后，部分国家公布该数据较为迟缓甚至不公布，如印度
国际收支明细项	经常项目额及增速、出口额及增速、资本项目额及增速	指标较为分散，反映的金融不安全因素较为同质，与外汇储备指标存在高相关度
外债余额	国际投资头寸表中各类外债	发达经济体适用性差，美国、日本、英国、德国和法国的外债额绝对值较高，但变动对经济影响较小
国家主体信用评级	惠誉评级、穆迪公司评级、标准普尔评级	评级较为滞后，往往在金融安全等级降低之后。同时，国家主体信用评级往往可以通过国债利率反映，因此与长久期国债利率存在高相关性
赤字率	政府财政赤字率	各国公布赤字率口径存在较大差异，部分国家数据匮乏，且年内变动较大
货币供应量	M1增速、M2增速	各国货币统计口径存在差异，且货币创造不能直接反映国家安全程度的变化
商业银行指标	商业银行的总资产规模及变化、负债结构及变化、不良余额、不良率、坏账率、净资产收益率、资本充足率等	商业银行指标较为滞后，同时间接融资发达的国家与直接融资发达的国家在商业银行可比性上存在较大差异
社会融资规模	社会融资余额、增速、与GDP比值、与GDP缺口	社会融资这一指标在各国统计口径差异巨大，部分国家无这一指标，中国对该指标的建立也较晚
央行基准利率	央行目标利率、超额准备金利率	各国目标利率变化较大，不同绝对水平的利率值、加减息对金融安全的弹性不同，且该指标与长久期国债利率存在高传导性后的高相关性

续表

指标名称	明细指标	未被纳入原因
股票指标	股票市值、股指市盈率、分红率等	股票市值与股票价格指数高度相关，股票分红及市盈率指标过于明细，较多国家数据不可获取
信用利差	投资级信用利差、垃圾债信用利差等	较多国家数据不可获取，且信用利差依赖于不同的久期期限，数据杂乱

三、核心指标筛选总结

综合而言，本指数为充分反映金融安全的内在机制，既考虑可用性，又考虑可得性，在选取原则和筛选的体系构建上，做了较多取舍，汇总结果如图 17 所示。

图 17　指标选取原则与筛选结果示意

从图 17 中可以看到，在此筛选原则下，还具有如下优势：

1. 对历史上是否发生过金融危机可以不做强制要求，如果进入指数的国家必须发生过极度金融不安全事件，则数据量有限、难以找到合理的样本。

2. 可以不关注系统性风险发生的间接性原因，如厄尔尼诺现象气象事件、国家领导人变更导致的政变、发生战争遭受侵略或制裁等，然后通过传导和扩散机制蔓延至金融不安全。因为该类间接性事件，通过金融市场的传导机制，会反映至我们的核心指标之中。

四、金融不安全等级的界定

根据这些筛选原则和国际金融风险分类标准以及国家信用评级标准，我们得出 8 类安全目标结果，如表 6 所示。

表 6　金融不安全等级分类及安全意义

金融不安全等级类别	含义
不安全 1 类	金融安全极差等级—金融危机等级
不安全 2 类	金融安全很差等级—临近发生金融危机等级
不安全 3 类	金融安全较差等级
不安全 4 类	金融安全欠佳等级
不安全 5 类	金融安全一般等级
不安全 6 类	金融安全较好等级
不安全 7 类	金融安全优良等级
不安全 8 类	金融安全极好等级

如表 6 所示，国别金融安全指数的评定被区分为 8 类取值。从不安全 1 类到不安全 8 类，依次代表一国金融不安全程度从高至低，其中尤以不安全 1 类为金融不安全程度最高的体现。

尽管到目前为止，中国尚未发生真正意义上的系统性金融危机，无法获取危机的历史参数，但可以从国外金融不安全事件的识别中获得参照值。

第四章

国别金融安全指数的评价方法

当前，指数的技术处理方法已经较为成熟。在已有的指数构建中，典型的指数方法包括价格加权指数，如股票价格指数、GDP 平减指数等；又如价格平均指数，如消费者价格指数 CPI、零售物价指数、农副产品收购价格指数等；还包括综合评价指数，如采购经理指数 PMI、国家创新指数、芝加哥联储全国经济活动指数、美国海外发展委员会生活质量指数等。其编制方法包括单一指数计算方式、归一化方式、赋权方式等。在金融安全指数构建中，直接采用这些方法存在一定的问题，在指数编制方法的选择中，需要考虑系统性金融风险的成因机制。

第一节　价格加权法

价格加权指数评价法，指通过一定标准化和赋权方式，将各维度指标的价格合成一个价格指数。将单一指标去量纲化，赋予指标适宜的权重，结果较为直观。但其存在一定问题。

首先是时滞性。由于金融安全体系存在内在脆弱性，金融市场的过度创新、经济周期驱动、政府干预不当及金融交易中杠杆的过度使用，金融机构间业务及资产负债产生了强关联，造成了相互感染的传导体系，如影子银行、跨境溢出传导等就是上述结果的体现。尽管这些系统性金融风险的传导和扩散路径存在，但可观察的先后顺序存在时滞性，例如，等到银行坏账率已经大幅上升时，可能信贷紧缩、流动性紧缩、资产价格变动等金融不安全状态已经呈现。因此，需要在指数方法中，考虑不同指标的时滞性，不能将率先反应的指标与滞后反应的指标直接加权，这会导致时间上的合成谬误，导致指数信号减弱。

其次是不同频。不同的监测频率确定了指标的不同质程度，不同指标发布频率不同，对金融不安全程度的预警作用不同。例如，失业率变动情况，无法满足对金融安全的实时监测作用。部分高频指标，可以及时捕捉金融不安全压力的上升过程，从而预警最终极端不安全事件的发生，但过高频率又存在巨大的噪声，当把不同频的指标直接加权时，指数容易出现极端变化，要么过度反映高频指标，要么忽视高频指标的作用。

这些缺陷，使得构造金融安全指数时，不能简单加权，各个核心指标不均是价格。在价格指标中，也存在频率不同和时滞顺序不同的问题。

第二节　主成分或因子分析法

在部分指数构造中，采用主成分分析法（Principal Component Analysis，PCA）。主成分分析法是一种降维方法，通过正交变换将一组可能存在相关性的变量数据转换为一组线性不相关的变量，转换后的变量被称为主成分。主成分分析的主要目的是希望用较少的变量去解释原来数据中的大部分变异，将相关性很高的变量转化成彼此相互独立或不相关的变量，可见，主成分分析法完全无参数限制，能够去除噪声。但这些主成分变量具有模糊性，变量分解后的特征值失去了金融意义，具有局限性，违背前述的不可解释性。同时，在主成分技术操作中，变换的矩阵必须是方阵，对数据的频次和类型提出了较高要求。

金融安全数据之间，往往存在强相关性，宏观经济是一个整体，金融之间存在感染性，刻意忽略这种相关性，正交独立化，将忽视金融中的不安全程度，丢失对金融风险传染性的考量。同时，主成分操作后的结果，不具有直观性，不利于金融安全指数对金融决策工作发挥支持作用，难以解决金融实际问题，容易成为停留在学术理论中的孤立性结论。

与主成分分析相似，因子分析根据相关性大小，把原始变量分组，使同组内的变量之间相关性较高，而不同组的变量间相关性较低。每组变量代表一个基本结构，并用一个不可观测的综合变量表示，这个综合变量就称为公共因子。这种计算因子变量得分，构造因子变量的做法，同样不仅对数据矩阵要求较高，且浓缩后的因子意义不明确，失去了对金融安全的直接度量观察途径。

第三节　决策树分析法

决策树分析法是一种状态和决策分析方法，它是一种运用概率与图论中的树，对决策中的不同方案进行比较，从而获得最优方案的方法。决策树包含根节点、内部节点、叶节点的树形结构，由树的内部节点逐一测算构成。叶节点表示对应的状态标签，与叶节点相连的分支上标注着发生的对应概率，树的叶节点表示状态结果。当从根开始遍历查询最终到达某一个叶节点，完成一次分析。树的高度就是研判逻辑的复杂度，是一个自顶向下、分而治之的总过程。但决策树的准确率会因重复的属性而受一定影响，用决策树进行分类，要对数据进行特征选择，而且，有限的数据集无法训练出可靠的类标签。

在研判金融不安全的状态是否发生改变时，将数据分为测试集与验证集，使用测试集构建决策树，使用验证集对国别金融安全指数进行验证。通过对决策树剪枝，自下而上逐个观察，以提高精度。根据各个节点取值的不同，可以划分等级。但构建金融安全决策树，需要防范决策树中重复性指标属性的影响，如果指标的相关性过高，导致重复性增加，那么测算的金融不安全结果可能有偏，需要事先对指标进行逻辑分类筛选。

因此，决策树可以在核心指标选择、指标信号强度排序之后和其他方法结合使用。

第四节　二叉树分析法

金融的不安全程度是一种概率期望值，但是这种期望值并非线性求和可得，不同的指标之间相互影响，不能直接加权。从金融工程的角度看，金融安全值是一种期权值。如果能提前估算各自的变动概率，则可以利用二叉树分析方法。考虑金融指标总有变好和变差之分，假定金融指标未来方向至少有变优和变劣两类，变优或变劣幅度分别是 u 和 d，则在出现变化概率为 P 时，会变优的概率存在一定的比率，同时变劣概率存在一定的比率。

若用二叉树模型将金融安全期权值划分为若干阶段，在每个阶段内分析期权价格的上下波动情况，从而对该阶段期权定价进行预测。如果结合二叉树和决策树，则可以将每一部分的研判分支简化为两个方向，变优抑或是变劣，让决策树的树型路径更加清晰明了。但二叉树往往需要假设未来指标的期望值按照无风险利率贴现的现值必须等于目前的值，同时服从随机游走。当金融指标不满足这些条件时，使用二叉树分析法得出金融不安全的结果，可能导致估算失真。

因此，可以结合二叉树与决策树，识别安全状态，判断拐点，通过对指数结果不同情景的临界水平进行判断，度量和预警指数状态转移的信息。

第五节　贝叶斯分析法

金融市场中的信息实时传递，前一阶段的结果可以为后一阶段提供先验概率，在金融逻辑上本身领先的指标变动情况，又可以提供后验信息。因此，基于先验和后验的结合，可以结合贝叶斯分析法（Bayesian Analysis）。贝叶斯分析法基于假设的先验概率，给定假设下观察到不同数据的概率以及观察到的数据本身得出。将关于未知参数的先验信息与样本信息综合，再根据贝叶斯公式，得出后验信息，然后根据后验信息，推断未知参数。

在贝叶斯统计理论中，概率被理解为基于给定信息下对相关量不完全了解的程度，变量分布的宽度常用标准差表示。概率反映了对金融指标发生转变的一种信任程度，可以是对事物不确定性的一种主观判断。后验分布综合了先验和样本的知识，可以对参数做出较先验分布更合理的估计。将统计推断建立在后验分布的基础上，可以减少因样本量小而带来的统计误差。

但贝叶斯分析法，会在训练样本不足时导致求出的后验概率值为零。此时，可以结合贝叶斯与决策树，将概率优化后的贝叶斯运用到构造的决策树中去。

第六节　综合评价指数法

IMF（2009）建议，可用综合评价指数法构建的金融稳定指标作为衡量系统性风险的主要依据。这是因为，金融的复杂性和混沌性，使得构造指数不能简单地采用上述方法的某一种。

单一方法对国家金融安全的评估，可能存在较大误差。例如，利用层次分析法计算权重，然后相加，最后计算出金融安全的综合评价指数，不同的指标求和之后，可能相互抵消。整体金融安全指数表现较好，但实际金融安全程度却较差，从而对金融安全的评估形成误导。

金融安全作为一个整体体系，只要有一个单一的指标在极限上不安全，在感染性影响下，整体金融安全则可能不复存在。为此，本指数结合上述方法，排除不适宜的单一方法，放弃加权的“累加”思想，而是结合“决策树 + 二叉树 + 贝叶斯分析”的联合概率“累乘”思想进行构建。除此之外，不仅从逻辑层面进行指标体系划分及选择，还结合统计实证分析结果，保持相互验证。指数构成方法，需要基于实证检验，尤其是与重大金融危机事件的吻合程度进行反复优化调整。

因此，采用联合概率“累乘”这种综合评价指数方式度量国别金融不安全程度，可以包含监测频次的差异。既可以基于低频宏观指标的先行预警指标（Early Warning Indicators，EWI），又可以基于高频金融市场数据的动态压力指标（Financial Stress Index，FSI）。既可以抓住灵敏度变化，又可在一定程度上去噪。既不产生合成谬误，又注重风险极值的扩散性冲击。

第五章

国别金融安全指数的合成算法

第一节　合成算法遵循的原则

纵观国内外各类指数的编制方法，尤其是指标的合成算法，其通常做法是，通过一定标准化和赋权方式，将各维度指标合成一个综合评价指数。而国家金融安全的特点是，某个金融维度的不安全可能带来系统性不安全，因金融指标之间往往相互作用和相互依赖，存在严重的外溢性、集聚性、感染性、吸收性。系统的金融安全被破坏，总是由隐藏在国家合计数和国家平均数背后的单一异质性因素决定，尤其是风险分布中的尾端风险（tail risk）引起的超调不安全。

因此，国家金融安全不是取决于全部金融指标的“平均”整体安全，而是在一系列重要指标中，只要有部分单一指标出现极端变化，带来强冲击，则可能大大降低国家金融安全程度。这正如同一个人生病，不需要身体每个部位都发生病变，只要有一个部位病重，则身体整体机能可能被破坏并带来死亡风险。

以 1997 年的亚洲金融危机为例，此类金融不安全事件主要是固定汇率下的外汇储备恶化和外债突出所致，并不是全部金融指标如失业、通胀等均出现恶化。又如 2008 年的美国金融危机，这种不安全主要源于居民部门在房地产市场的收支恶化和影子银行体系突出，而政府部门和企业部门的金融杠杆并没有恶化。同样，2020 年第二季度的美国金融市场剧烈波动，其安全隐患主要因新冠肺炎疫情下消费中断以及大宗商品尤其是石油能源价格的超跌。能源价格超跌扮演刺破信贷正常循环的角色，市场风险可能导致信用违约，继而传导至各类企业，再继续体现为股市企业盈利预期恶化，金融市场证券类指数连续下跌。

同时，不同国家的金融安全体系特征有所差异。自2021年以来，土耳其的金融危机，除去内在根本的发展失衡，其金融政策与金融实际错配，央行多次降息而不是加息，导致土耳其金融安全防线加速被破坏。

因此，我们排除简单赋权加总法、等方差权重法、市场规模权重法、简单层次分析法（包含Z-Score法）等不符合金融安全特性的算法。基于上述联合概率“累乘”的综合评价指数的思想，利用非线性的“决策树+二叉树+贝叶斯分析”的综合方法，在时间序列维度上注重从概率分布和极限概率突破角度进行安全计量。

整体合成算法可以简化表示为多哑变量的有序逻辑机器学习，其中排序最靠前的为最能瞬时响应的极限概率变量，其次是响应速度中频的概率变量，再次是潜在的低速反应和低频概率变量。每个变量的取值为0或1，取值属于“是与否”的逻辑变量。其核心的金融安全思想是：在有序逻辑下，最灵敏指标先为1时，则指数分叉至7个哑变量的第一位置，同时再继续研判下一响应速度和频率的变量，直到多个有序遍历完成，这充分考虑了不同指标的时序性、灵敏度、概率性。如果所有层级遍历完成，仍不能找到不安全证据，则取值为8。

第二节　指标进入算法中预处理

对于单一指标，首先进行去量纲化处理，减去均值并除以方差，避免不同方差量纲的数据对算法造成影响。其次，每一个具体指标，需要识别自身的波动率情况。尽管各个指标的均值变化较大，但指标的波动率较为稳定。均值突破波动率区间，代表不安全程度的突变发生。突变的程度表示冲击累积概率的发生区间，如表 7 所示。

表 7　不安全因素发生突变的概率区间

标准差个数	标准正态分布下概率区间	有偏分布下概率区间
+3	99.7%	发生突变的概率更大
+2	95.4%	发生突变的概率更大
+1	68.2%	发生突变的概率更大

因此，先通过金融理论经验研究和各经济体历史金融压力事件，确定指标的波动率。表 8 为各国各金融指标波动率在 2021 年度内测算情况。

表 8　各国各金融指标波动率情况

指标名称	国家	最小值	最大值	均值	中位数
汇率	中国	0.00%	0.32%	0.14%	0.12%
	美国	0.05%	0.61%	0.22%	0.21%
	日本	0.08%	0.67%	0.29%	0.27%
	印度	0.01%	0.53%	0.21%	0.19%
	韩国	0.09%	0.66%	0.34%	0.33%
	俄罗斯	0.06%	1.48%	0.48%	0.41%
	巴西	0.08%	1.82%	0.73%	0.66%
	土耳其	0.13%	12.45%	1.11%	0.65%
	南非	0.20%	1.69%	0.80%	0.80%
	泰国	0.03%	0.55%	0.26%	0.24%
	加拿大	0.00%	1.11%	0.43%	0.40%
	澳大利亚	0.00%	1.48%	0.74%	0.82%
	英国	0.00%	0.87%	0.44%	0.46%
	德国	0.00%	0.81%	0.35%	0.34%
	法国	0.00%	0.81%	0.35%	0.34%
股票综合指数①	中国	0.22%	1.70%	0.74%	0.68%
	美国	0.07%	1.77%	0.67%	0.58%
	日本	0.25%	2.33%	0.97%	0.93%
	印度	0.12%	2.67%	0.79%	0.67%
	韩国	0.18%	2.40%	0.81%	0.71%
	俄罗斯	0.20%	2.97%	1.14%	1.06%
	巴西	0.19%	2.51%	1.13%	1.04%
	土耳其	NA	NA	NA	NA
	南非	0.00%	2.35%	0.20%	0.00%
	泰国	0.11%	1.33%	0.61%	0.57%
	加拿大	0.12%	1.69%	0.53%	0.47%
	澳大利亚	0.14%	1.46%	0.60%	0.55%
	英国	0.14%	1.83%	0.65%	0.58%
	德国	0.08%	2.17%	0.74%	0.64%
	法国	0.16%	2.39%	0.71%	0.62%

① 土耳其数据存在缺失；南非数据不同频，南非的股指在 2021 年是月度数据；其余国家均为日度数据。

续表

指标名称	国家	最小值	最大值	均值	中位数
十年期国债利率①	中国	0.21	4.37	1.50	1.35
	美国	0.49	9.24	3.36	3.01
	日本	0.17	2.17	0.69	0.60
	印度	0.24	7.64	1.97	1.64
	韩国	0.60	17.55	5.04	4.15
	俄罗斯	0.40	20.97	4.72	3.73
	巴西	2.40	38.82	13.29	12.96
	土耳其	2.06/2.06	220.89/64.35	16.97/14.01	10.82/10.74
	南非	0.87	19.00	5.87	5.10
	泰国	0.00	8.44	2.82	2.32
	加拿大	0.40	9.56	3.46	3.14
	澳大利亚	0.93	12.79	3.72	3.22
	英国	0.27	10.33	3.07	2.67
	德国	0.49	5.71	2.18	1.96
	法国	0.26	7.58	2.35	2.11
外汇储备变化	中国	0.78%	0.94%	0.89%	0.90%
	美国	1.39%	22.28%	10.26%	1.90%
	日本	0.61%	1.03%	0.81%	0.70%
	印度	1.25%	1.81%	1.60%	1.65%
	韩国	0.70%	1.09%	0.83%	0.81%
	俄罗斯	1.51%	2.04%	1.78%	1.81%
	巴西	0.87%	1.78%	1.32%	1.43%
	土耳其	9.10%	11.36%	9.97%	9.91%
	南非	1.64%	3.68%	2.91%	2.97%
	泰国	1.68%	2.11%	1.83%	1.83%
	加拿大	1.43%	5.62%	3.50%	2.51%
	澳大利亚	3.00%	8.23%	5.85%	6.67%
	英国	2.28%	4.15%	3.12%	2.61%
	德国	3.79%	5.57%	4.70%	4.56%
	法国	3.22%	4.96%	4.16%	4.06%

① 土耳其受大幅货币贬值影响，提供“含极值/去极值”数据。同时，此数据数字单位为万分之一，为便于显示，省去了单位符号。

续表

指标名称	国家	最小值	最大值	均值	中位数
CPI 同比变化	中国	0.56%	1.79%	1.05%	0.99%
	美国	0.48%	1.86%	1.31%	1.54%
	日本	0.33%	0.54%	0.46%	0.49%
	印度	0.72%	1.16%	1.03%	1.08%
	韩国	0.37%	0.89%	0.71%	0.80%
	俄罗斯	0.77%	1.09%	0.96%	0.98%
	巴西	0.91%	2.25%	1.72%	1.92%
	土耳其	1.01%	5.35%	2.13%	1.97%
	南非	0.41%	0.93%	0.78%	0.82%
	泰国	1.01%	1.47%	1.29%	1.32%
	加拿大	0.46%	1.40%	1.07%	1.21%
	澳大利亚	0.54%	1.28%	1.04%	1.16%
	英国	0.21%	1.61%	0.77%	0.70%
	德国	0.63%	1.57%	1.11%	1.06%
	法国	0.27%	0.80%	0.55%	0.54%
房价指数变化	中国	0.25%	0.79%	0.51%	0.55%
	美国	2.38%	4.60%	3.67%	3.81%
	日本	1.38%	2.82%	2.14%	2.11%
	印度	0.21%	0.43%	0.29%	0.28%
	韩国	2.26%	3.29%	2.91%	3.03%
	俄罗斯	2.08%	2.76%	2.52%	2.57%
	巴西	2.11%	5.90%	4.43%	4.54%
	土耳其	1.59%	9.11%	3.95%	2.99%
	南非	0.26%	0.84%	0.65%	0.72%
	泰国	0.77%	1.56%	1.24%	1.31%
	加拿大	1.52%	3.39%	2.61%	2.66%
	澳大利亚	1.47%	7.29%	4.63%	5.23%
	英国	2.13%	2.95%	2.42%	2.29%
	德国	NA	NA	NA	NA
	法国	0.35%	0.59%	0.44%	0.41%

续表

指标名称	国家	最小值	最大值	均值	中位数
GDP 变动	中国	6.90%	10.68%	7.89%	6.99%
	美国	0.42%	5.92%	2.36%	1.56%
	日本	3.16%	7.35%	4.64%	4.02%
	印度	10.75%	19.33%	13.83%	12.61%
	韩国	4.40%	4.93%	4.78%	4.90%
	俄罗斯	11.37%	12.45%	12.01%	12.20%
	巴西	1.07%	6.92%	3.35%	2.70%
	土耳其	10.87%	17.31%	14.08%	14.07%
	南非	3.08%	10.49%	5.79%	4.78%
	泰国	6.14%	9.59%	7.34%	6.81%
	加拿大	1.00%	7.22%	3.27%	2.42%
	澳大利亚	5.01%	5.62%	5.29%	5.27%
	英国	2.47%	13.13%	6.32%	4.83%
	德国	2.67%	8.03%	4.70%	4.06%
	法国	0.85%	8.50%	4.01%	3.34%
外债变化	中国	2.08%	2.38%	2.23%	2.24%
	美国	0.75%	1.53%	1.21%	1.34%
	日本	2.30%	2.93%	2.56%	2.51%
	印度	0.46%	1.39%	0.85%	0.72%
	韩国	1.58%	2.19%	1.97%	2.05%
	俄罗斯	1.80%	3.51%	2.60%	2.55%
	巴西	2.10%	3.62%	2.85%	2.84%
	土耳其	1.74%	1.89%	1.80%	1.76%
	南非	4.38%	5.03%	4.60%	4.39%
	泰国	4.90%	5.02%	4.94%	4.91%
	加拿大	1.32%	2.53%	1.96%	1.99%
	澳大利亚	NA	NA	NA	NA
	英国	1.38%	8.87%	4.04%	2.95%
	德国	2.67%	8.03%	4.70%	4.06%
	法国	0.85%	8.50%	4.01%	3.34%

续表

指标名称	国家	最小值	最大值	均值	中位数
居民部门杠杆率	中国	0.17%	1.70%	0.76%	0.58%
	美国	0.78%	1.79%	1.20%	1.12%
	日本	0.24%	1.45%	0.75%	0.66%
	印度	0.59%	1.47%	0.99%	0.95%
	韩国	1.22%	2.90%	2.15%	2.25%
	俄罗斯	0.17%	0.84%	0.52%	0.54%
	巴西	0.26%	1.51%	0.88%	0.88%
	土耳其	0.53%	1.16%	0.84%	0.84%
	南非	0.45%	0.99%	0.67%	0.62%
	泰国	0.52%	3.61%	2.09%	2.11%
	加拿大	NA	NA	NA	NA
	澳大利亚	0.88%	1.61%	1.27%	1.29%
	英国	0.97%	2.03%	1.41%	1.33%
	德国	0.31%	1.52%	0.89%	0.86%
	法国	0.73%	2.15%	1.19%	0.95%
企业部门杠杆率	中国	1.56%	4.76%	2.52%	1.88%
	美国	3.39%	11.79%	6.20%	4.82%
	日本	1.68%	14.67%	5.97%	3.76%
	印度	3.20%	7.74%	4.93%	4.40%
	韩国	2.97%	5.91%	4.01%	3.59%
	俄罗斯	2.63%	4.73%	3.47%	3.26%
	巴西	2.70%	7.86%	5.16%	5.03%
	土耳其	3.39%	7.40%	5.36%	5.32%
	南非	2.35%	4.29%	3.14%	2.97%
	泰国	3.20%	10.49%	6.82%	6.80%
	加拿大	NA	NA	NA	NA
	澳大利亚	NA	NA	NA	NA
	英国	3.97%	14.06%	7.18%	5.34%
	德国	1.25%	7.20%	3.23%	2.23%
	法国	4.86%	16.70%	8.13%	5.48%

数据来源：五道口金融安全中心、Wind、Bloomberg。

表 8 体现了 2021 年度各国核心指标波动率的数据特征。在计算波动率时，我们采用滚动模式（rolling window）进行计算。其中，日度数据采用五日数据为计算窗口，月度数据采用十二个月数据为计算窗口，季度数据采用四季度为计算窗口。从各国各个核心指标的波动率情况可以发现：不同国别间的波动率，从数据角度看有一定的联动性，即同增同降。这说明全球的金融不安全程度存在全球化的溢出效应。

当各个核心指标的均值变化超过波动幅度时，根据金融市场的对数收益率特征，对不同时间周期的指标，分别突破一至三个甚至多个标准差，则可以对应逻辑赋值 1。表 9 展示了指标在不同时间周期的安全取值情况。

表 9　波动率指标在不同时间周期下的筛选

持续频数	突破的标准差倍数		
	较小倍数	一般倍数	较大倍数
5 日（一周）			√
20 日（一个月）		√	√
60 日（一个季度）	√	√	√

从表 9 中可以看出，时间周期不同，不安全因素的噪声信号程度不同，为了降噪，对日度频率的数据采取较大倍数标准差取值的做法，但对季度数据，突破较小倍数标准差时，就开始进入算法。

第三节　合成算法中指标的目标界定

用指标波动率测度不安全变动程度时，需要充分考虑上行安全保护作用和下行安全隐患增加危险的不对称变化。表 10 为指数中核心指标的安全目标界定。

表 10　核心指标安全目标界定

指标	目标（越安全）
汇率	贬值幅度不能过大（美国、日本除外）
国债利率	波动率小，且保持在合理水平
股指	上行且波动率小
CPI	大于 1% 且小于 3% 为较优，防范恶性通胀与通缩
房价	上行且波动率小
外储/外债	保持在合理比例（但发达经济体与新兴经济体不同）
GDP 增速（不变价）	较高且波动率较小
居民部门杠杆率	小于 100% 且波动率小
企业部门杠杆率	小于 100% 且波动率小

如表 10 所示，不同的指标，安全目标不同。对于较多发达经济体的货币，如英国的英镑、德国和法国的欧元、澳大利亚的澳元，其汇率采用间接标价法，其上行波动和下行波动对安全的作用不同。同时，对于采用直接标价法的国家，适度上行波动可能有利于经济出口，但过度上行波动会带来金融市场崩盘和经济恶化；适度下行波动有利于维护市场稳定，吸引外资流入，但过度下行波动会对进口原材料造成剧烈打击。又如 CPI 波动，较小较好，但不是越小越好，均值处于 1% ~3% 会更安全。

第四节　指数的算法图示

本指数综合借鉴前述的决策树、二叉树及贝叶斯的信息更新原理，算法方式如图 18 所示。

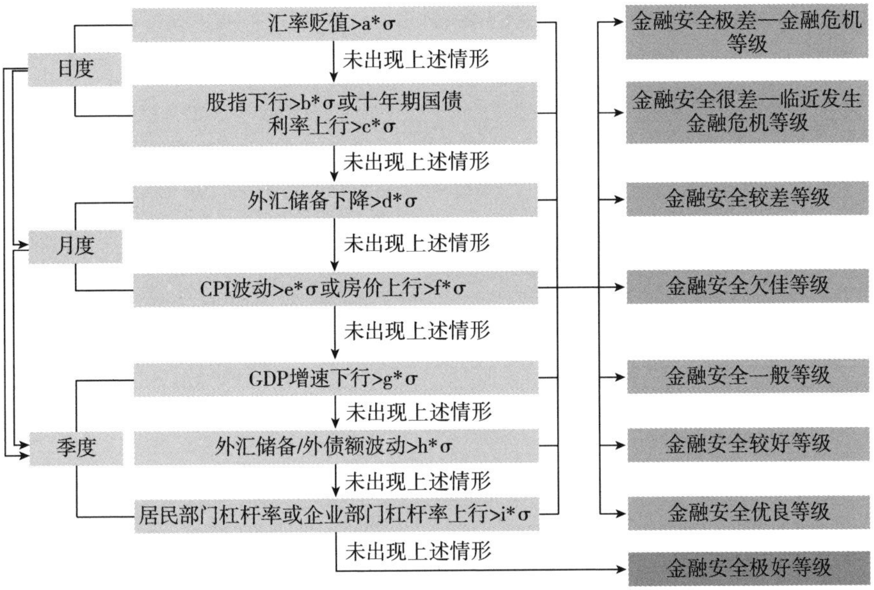

图 18　国别金融安全指数算法图示

图 18 中，算法得出的取值与前述安全指数的目标取值保持对应，随着算法生成的数值从低至高，表示安全程度逐步提高。最小值“1”代表金融危机类的不安全程度，算法可触达的最大值“7”代表金融安全处于优良级。如果算法不能遍历获得学习结果，这说明各类指标在不同周期检验后，不能发现安全隐患因素，因此处于安全度极好的等级“8”。

同时，图 18 中采用了三个不同频率的周期，包括高频的日度频率、中高频的月度频率和低频的季度频率。可以看出，这一递进方式所隐含的金融意义，反映了外生与内生、衰退与繁荣、应急与慢性、低频与高频的递进考察思路。

一般情况下，较少国家在较少数的时间节点或时期才会落入不安全评价体系的“不安全 1 类”等级区间。但如果指标本身的噪声过大，所产生的不可解释性将对不安全等级的算法效果产生偏差，不安全等级评价体系的精准性受到了削弱，可能导致不安全 1 类高频发生。为防范这一情况出现，需要对算法体系的局部或多个判定阈值进行合理化的监督学习，测算出 10 个核心指标的系数，即图 18 中分别所示的“a、b、c、d、e、f、g、h、i”，以提高判断不安全程度的准确性。

第五节　国别金融安全指数计算步骤

具体而言，将国别金融安全指数计算分为两大步骤，首先根据计算出的波动率数值，确定各国在不同时间频率下的初始值；其次，根据算得的系数与波动率的倍数，判断金融不安全程度。

如前文所述，计算波动率时，对日度指标、月度指标、季度指标进行细化分类，对不同类别指标分别根据各自不同时间区间滚动计算。在所有指标得出前一个滚动的波动率后，计算最新当前值、最新当前值与前值的差值、该波动率值放入一个默认金融不安全程度为“8”的数据集中，该数据集的大小等同于一个日度数据集的大小，即这个数据集合中的天数与该数据集初始化天数相匹配。金融不安全的判断首先从日度开始，并逐渐从日度风险的判断过渡到月度风险、季度风险。

具体以汇率为例，首先取一天，假设是 y 年 m 月 d 日，记录当天的货币价值 e，按照滚动的方式取前5 日或20 日或60 日，即如果该累计日内有一日无数据，则继续往前滚动，直至找到5 日或20 日有数据为止。根据数据计算均值 μ 和标准差 σ。其次，判断 $e-\mu$ 量纲处理后的值是否大于各自参数倍数的标准差 σ。若大于则返回不安全某类的 0 - 1 逻辑取值，否则进入下一步。月度数据、季度数据同理进行计算。

全部计算出结果后，开始对结果确定指数基期，并对基期赋值 100，然后考察基期后的指数变化。指数取值与金融安全的对应等级如表 11 所示。

表 11 金融安全等级算法赋值与指数值对应表

金融不安全等级类别	含义	算法赋值	合成指数（以 100 为基期值）
不安全 1 类	金融安全极差等级—金融危机等级	第 1 个 0 - 1 逻辑值	40 以下
不安全 2 类	金融安全很差等级—临近发生金融危机等级	第 2 个 0 - 1 逻辑值	40 ~ 60
不安全 3 类	金融安全较差等级	第 3 个 0 - 1 逻辑值	60 ~ 80
不安全 4 类	金融安全欠佳等级	第 4 个 0 - 1 逻辑值	80 ~ 120
不安全 5 类	金融安全一般等级	第 5 个 0 - 1 逻辑值	120 ~ 160
不安全 6 类	金融安全较好等级	第 6 个 0 - 1 逻辑值	160 ~ 180
不安全 7 类	金融安全优良等级	第 7 个 0 - 1 逻辑值	180 ~ 200
不安全 8 类	金融安全极好等级	第 8 个 0 - 1 逻辑值	200 以上

如表 11 所示，不同的金融不安全程度，在算法中分别被赋值为 8 层的 0 - 1 逻辑值以后，根据取值情况合成指数。合成指数时，考虑取值的近正态分布情况，频数较高的第 4 类和第 5 类，指数取值范围分别为 80 ~ 120、120 ~ 160。其余的每一档不安全程度，频数分布较低，阈值宽度为 20。不同的指标对不同国家存在差异，在算法中应充分考虑不同国家的差异性。例如，美元价值变化，美元不只是作为美国国家货币，其作为一种全球性的货币，货币性质和货币属性对美国的影响与其他货币对其自身国家的影响不同。例如，在日度数据层面，将某新兴经济体国家汇率贬值幅度的初始值设定为 $>3\sigma$，则进入不安全 1 类，但美元的贬值，恰好反映了此新兴经济体国家金融安全度的适度提高。美元汇率在美国指数算法体系中与其他国家的评价方式不同。

又如不同资产自身的波动幅度不同，有的需要上升至 4σ 以上，才进入不安全等级。总之，不同国家、不同时间区间、不同指标，算法的阈值有所不同。

同时，世界各国经济发展周期不同，往往在同一时点或时期，两个国家的实际情况也随之呈现出一定的区别。例如，12 月 25 日这个日度时点，许多国家正处于圣诞假期，市场处在调休状态，而中国却与之相反。不同国家的核心指标的发布时间也不尽相同，内容口径、翔实程度也存在出入，因此算法在处理这些参差不齐的指标数据时，给予了充分考虑。对于存在遗漏空缺的数据，采取了插值法，以确保数据获取的一致性。或者算法在发现部分数据残缺时，自动向前滚动，并在下一个频次进行比较。如日度数据不可比时，再滚动至月度区间进行比较。

第六章

国别金融安全指数应用效果

国别金融安全指数根据我国面临中美经贸摩擦等外部事件的发生时间，以及党的十九大报告中开始特别强调金融安全的时间，选择以 2017 年 10 月 21（党的十九大召开日期）为基期，构建指数。

第一节　2017 年基期以来各国金融安全指数分析

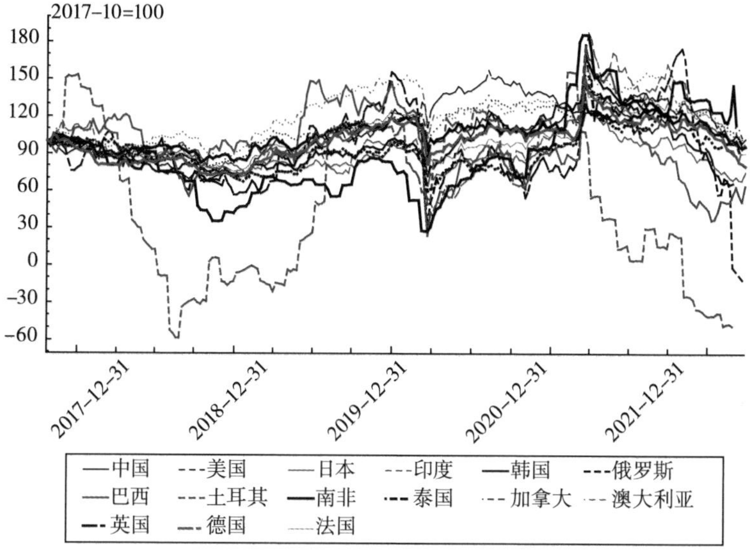

图 19　2017 年以来全球金融安全指数表现

对各国的安全指数刻画，每个国家并不是固定的对应曲线，曲线根据算法自动生成，国家数量较多，曲线差异性相对较小。

将时间拉长到 2017 年的基数年来看，全球的金融安全程度受国际环境影响，整体呈现“一荣俱荣、一损俱损”的态势，指数的构建结果如图 19 所示。个别国家因为地缘政治、金融政策匹配不当等因素，尤其是以土耳其和俄罗斯为代表，出现了极端的金融不安全。当面临新冠肺炎疫情冲击时，部分国家如美国的金融安全程度提高，中国相对下降。这深刻反映了美国作为避险经济体的根本特征，但随着冲击的减弱，美国的金融安全程度回到与中国相当的水平。

第二节　2017 年基期至 2020 年新冠肺炎疫情前各国金融安全指数分析

一、中国金融安全指数分析

中国作为发展中国家，近年来的经济发展依然维持着较高的速度，在国际舞台上的经济地位日益重要。作为世界第一大出口国、第二大进口国，中国已经超越美国成为世界货物贸易第一大国。2021 年，中国的 GDP 总额已达到 114 万亿元人民币，是经济成长速度最快的主要经济体之一 2017 年基期至 2020 年新冠肺炎疫情前中国的金融安全指数走势如图 20 所示：

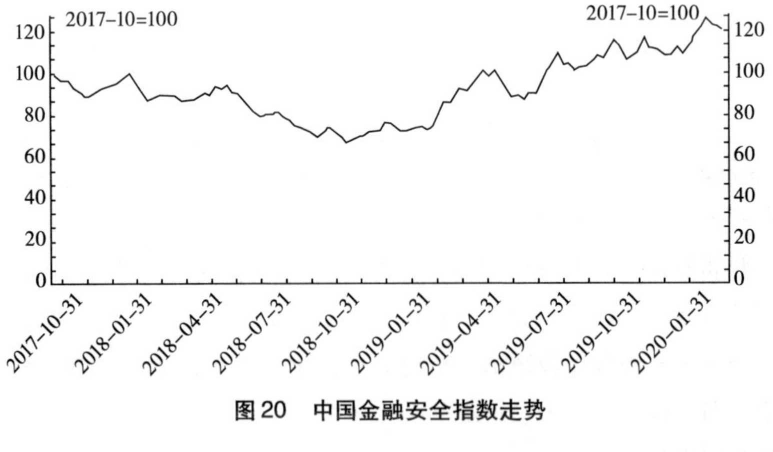

图 20　中国金融安全指数走势

根据国际货币基金组织相关数据，虽然中国的 GDP 总额居世界前列，但是人均 GDP 仅在世界排第 59 名。虽然我国在经济发展上还有较长的路要走，但是我国拥有大量的人口、较好的经济基础设施、稳定的社会环境，以及良好的经济政策，为未来的经济发展打下了良好的建设基础。

在2018年，中国的金融安全指数整体出现较小程度的下滑。从汇率的角度切入，人民币汇率在第一季度出现升值，第二季度与第三季度出现大幅贬值，第四季度则呈现出贬值波动、调整加大的状态。结合全年的汇率走势，人民币贬值幅度为5.69%。

在综合股指方面，中国上证综合指数在2018年内处于稳定下行的状态且波动相对较小，全年跌幅为25.52%。与此同时，中国的十年期国债利率收益率在年内也出现一定程度的下降。在年末时，中国的国债收益率较年初下调约66.1个基点，整体跌幅为16.93%。

中国的外汇储备在2018年的变化相对单一，中国的外汇储备在前三个季度中稳步下降，仅在第四季度出现一定程度的回升。

在居民消费指数CPI方面，中国的CPI指数同比增长幅度较为稳定，整体处于1.6%~3%，未出现通胀压力。而在核心资产的房价指数上面，中国的房价指数同比增幅在年内处于不断扩大的态势，整体的涨幅维持在4.0%~7.5%。相较于其他国家，中国的房价同比涨幅较高，房地产市场出现了一定程度的过热表现。

在国内生产总值GDP方面，中国的GDP保持了较高的增长速度。在该指标上，中国不仅在同比涨幅上表现良好，环比增长也达到了26.42%。同时，中国的外债规模也有较好的表现，在2018年年末时，中国的外债规模较年初增长16.35%。

在2019年，人民币的汇率虽然持续走低，但是其年内的整体变化幅度不大。在年末时，美元兑人民币汇率由年初的1∶6.85，降至1∶6.97，降幅仅为1.75%。

从股票指数看，中国的综合股指表现良好，在年末收盘时，上证综合指数达到3000点水平。其中，综合股指的涨幅主要集中在第一季度，而在后三个季度中呈现出震荡调整的趋势。在国债利率方面，中国的国债利率在年内出现较大幅度的波动，但是整体收益水平并未发生显著变化。

中国的外汇储备在2019年中整体呈现出上涨的状态，涨幅在上半年时尤为明显。在下半年中，中国的外汇储备量以震荡调整为主。

在 CPI 指数方面，中国的 CPI 指数同比增幅在年内呈现扩大趋势，并在下半年时有所加速。需要指出的是，中国的 CPI 指数在 9 月时突破 3%，并在年末达到 4.5% 的水平，标志着国内出现较小程度的通胀压力。在房价指数方面，虽然在年初时中国的房价指数同比增幅为 7.7%，但在年末时已下行至 3.6%，意味着房地产市场过热已经得到了较为有效的控制，房价增长逐步回落到正常水平。

在 GDP 方面，中国持续维持着较高的增长率，第四季度较第三季度上涨 8.76%。不仅如此，中国的外债规模在年内也不断扩大。

二、美国金融安全指数分析

从基期 2017 年至 2020 年新冠肺炎疫情前的近 3 年来看，美国在全球化经济下，金融安全趋势在全球呈现同上同下态势。在 2018 年的经济下行期，美国的金融安全程度走高，在 2019—2020 年的复苏期间，美国的金融安全程度如图 21 所示。

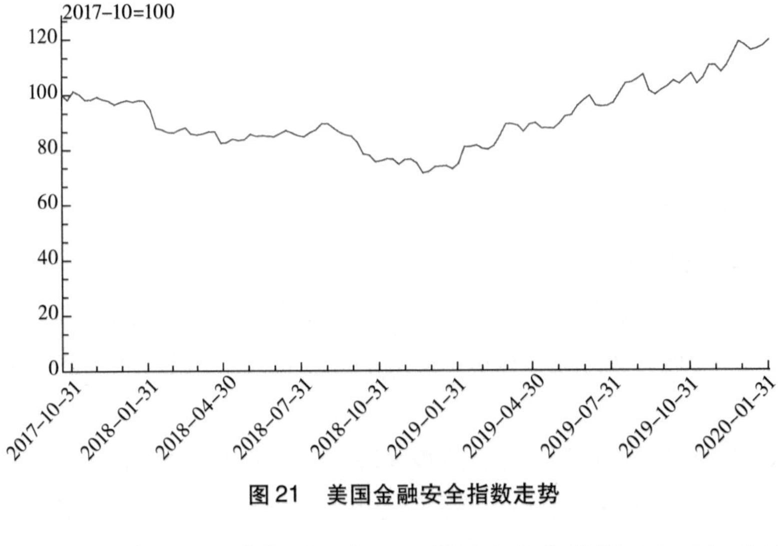

图 21　美国金融安全指数走势

从美国自身发展的背景看，若以名义国内生产总值（GDP）和净财富为衡量标准，美国是世界上最大的经济体；若以购买力平价为衡量标准，美国是世界第二大经济体。美国拥有高度发达的自由市场经济体制，同时也是世界上科技最强大的国家之一，其人工智能、计算机、医疗与制药、军事装备和航空航天等技术均处于世界领先地位。美元作为国际交易中最常使用的货币，不仅在世界各国都是重要的储备货币，一些国家更是直接将美元作为其官方货币使用。美国作为世界上最大的进口国与第二大出口国，与多个国家签有自由贸易协议，包括澳大利亚、韩国、以色列等国。美国最大的贸易伙伴包括中国、欧盟、加拿大、墨西哥、印度、日本、韩国，以及英国。

丰富的自然资源，发达的基础设施和高生产率是美国经济发展的基础，其自然资源总值在全球排名第七，人均 GDP 为 55000 多美元，在全球排第五。

自指数基期以来，2018 年，在经济层面，以特朗普为首的美国保守派秉持着“美国优先”的原则向中方发起“经贸摩擦”，并在第一季度末期签署了针对“中国经济侵略”备忘录，对中国进入美国的相关商品增加关税，同时对来自中国的投资增加限制。该行动对中国的金融安全造成了一定的威胁。面对美方的制裁压力，中国在 2018 年 7 月 31 日召开的中共中央政治局会议中提出，当前经济运行稳中有变，需做到“稳就业、稳金融、稳外贸、稳外资、稳投资、稳预期”的工作方针。随着时间的推移，可以看到中国的金融安全指数在 2018 年第三季度末期达到年度最低值，随后开始稳步回调。而对于美方而言，“经贸摩擦”并没有为其带来长期的金融稳定。在经贸摩擦开始的 7 月，美国的金融安全指数开始下滑，直至 2018 年年末。

以当时汇率走势看，在 2018 年初期，美元兑人民币汇率持续走弱，由 1 月初的 1∶6.5 降至 3 月末的 1∶6.27。随着针对“中国经济侵略”的备忘录的签署，人民币开始贬值，至 7 月初期中美经贸摩擦正式开始，美元兑人民币汇率已调整为 1∶6.65，远高于年初水平。在 2018 年下半年，美元兑人民币的汇率虽然持续走高，但其增长幅度并没有高于前期，在 2018 年年末达到 1∶6.87。

美国的综合指数在 2018 年内的变化可以分为三个部分：在签署针对“中国经济侵略”的备忘录之前，美国的标准普尔 500 指数处于震荡调整阶段，而在签署文件之后，美国综合指数开始进入稳步增长期，直至10月中期。随着美联储利率的提高以及十年期国债利率的升高，股票市场出现一定程度的资本抛出，造成了美国股票综合指数的下跌。在利率指标的国债表现上，美国的国债利率呈现出先升后降的趋势。在10月，美国的十年期国债利率达到了年内的最高点。同年，中国的国债利率则是缓慢下降，在年末时较年初降低66.1个基点。

美国的金融安全程度在外汇储备方面，出现两次小幅下降，第一次下降周期为2018年3月至7月，第二次下降周期为2018年7月至11月。当然，美国全年外汇储备整体并没有过大的变化，年初规模为1262亿美元，年末规模为1257亿美元，但美国的外汇储备变化较中国有更大的波动。

在居民消费指数CPI方面，美国低于3%，没有出现通胀压力。美国的CPI指数变化呈现倒U形，在7月末期达到全年最高值2.9%。美国的金融安全受CPI的影响较小。

而在影响金融安全的核心资产房屋指数方面，美国的房屋指数呈下降趋势，年初为6.38%，年末为4.04%。

在经济增速方面，美国已是发达国家。可以发现，2018年美国的GDP整体持平，第四季度较第一季度增长1.55%。同时，美国的外债水平仅增长3.05%。

2019年，美国的金融安全指数值方面，在十年期国债利率上，美国十年期国债利率处于下行阶段，并在2019年9月初达到全年最低点。美国综合股指呈现强劲上涨趋势，全年涨幅高达28.71%。

从外汇储备对金融安全的影响方面看，美国的外汇储备水平在2019年5月之前呈下降趋势，在随后的几个月中一直呈稳步增长的趋势。

在2019年居民消费指数CPI方面，美国面临着一定程度的上行压力，经贸CPI指数处于通常波动范围，其通胀压力主要在7月末期开始出现，并在年末达到最高值2.3%。从全年看，美国的房价综合指数呈U形走势，其房价指数在8月末期达到全年最低点。

从经贸摩擦影响金融安全看，美国2019年在GDP和外债上的表现较2018年均有一定程度下降。美国的GDP整体持平，没有显著变化，其外债额增长为 2.03%。

三、日本金融安全指数分析

作为东亚的发达国家，日本拥有高度发达的自由市场经济体系，是世界第三大经济体。日本的现代化起于明治维新，并于“二战”后在美国的援助下实现经济高速增长，其科研能力、工业水平、制造业技术均位居世界前列。日本的经济支柱产业，主要来自服务业、制造业、房地产以及零售行业。值得一提的是，尽管日本资源相对匮乏，但是其制造业高度发达，其汽车制造行业在全球排名第二。日本的主要出口项目包括运输设备、机械、电子产品和化学制品，其主要的出口贸易伙伴包括中国、美国、韩国以及中国台湾和香港。日本的进口产品主要包括电子产品原材料、石油、食品、化工原料等，主要进口贸易伙伴包括中国、美国、澳大利亚、韩国。2017 年基期至 2020 年的新冠肺炎疫情前日本的金融安全指数走势，如图 22 所示。

图 22　日本金融安全指数走势

在 2018 年，日本的金融安全水平较高。从汇率的角度看，美元兑日元汇率变化相对简单，整体呈 U 形。在第一季度中，日元出现接近 5.78% 的升值，而在第二季度与第三季度时，日元出现大幅贬值，并在季度末回调至年初水平。在第四季度中，日元出现较大幅度的震荡调整并在 12 月出现小幅升值。

从股票综合指数看，东京日经225指数在2018年不仅出现了一定的跌幅，而且相较于中国的股票市场，其指数波动相对较大、变化情况复杂。在第一季度中，日本综合股指处于下行区间，并在3月出现震荡式调整；在随后的两个季度中，日本的综合股指出现一定程度的反弹，但其上行区间集中出现在4月与9月，并在9月末期回到年初水平；在2018年第四季度中，其综合股指出现大幅下跌。与2018年年初水平相比，日本的综合股指在2018年跌幅为14.85%。在利率债券市场中，日本在第一季度出现先升后降的情况，并在第二季度进入调整期；在第三季度时，日本的国债利率出现大幅的反弹并超过其年初水平。值得指出的是，日本的国债利率在2018年第四季度出现了大幅下行，使得在第三季度的涨幅全部复位，导致其在年末时国债利率与第二季度末相似，充分体现了日元在全球货币遭遇一定危机时体现出的避险属性。

从外汇储备分析其对金融安全的影响，日本的外汇储备在2018年呈现跳跃性调整。与第一季度相比，日本的外汇储备在第二季度出现一定的下降，在随后的几个月中，处于震荡调整状态。到2018年12月，日本外汇储备恢复至年初水平。可见，日本在外汇储备方面具有更高的波动性。

在消费者物价指数CPI方面，日本自1990年起，国内就存在一定的通缩压力，这一点在2018年也未明显缓解。全年仅第一季度和第四季度的CPI指数略高于1%，其余时间则维持在0.7%左右。在房价指数方面，日本的房价指数变动则相对稳定，全年维持在2%的水平，仅在1月和9月房价同比增长较低，分别为0.53%和1.00%，并在10月出现单月最高涨幅达到3.61%。

作为亚洲首个发达国家，其GDP的同比增长幅度较低。日本在一个自然年中各季度的GDP额并非持续增长，而是以第二季度为该自然年的最低点。对比日本在2017年各季度GDP表现和2018年各季度的GDP，其整体变化相对稳定。

在外债方面，日本的外债规模在2018年第四季度中虽然出现了一定程度的下滑，但是其在2018年内的外债规模整体呈现出增长的状态。从年总量上看，日本的外债规模较年初上涨7.21%。

根据金融安全指数中各指标的表现可知，日本各个指标在下半年整体变化幅度较大，波动率较高，金融安全指数在年底出现一定程度的下降。

在2019年时，日本的金融安全得到了进一步提升，但日本在上半年经济增速较低，经济增速上行主要出现在下半年。从汇率的角度看，日元出现一定程度的贬值，其汇率走势在年内呈N形变化，在第一季度和第四季度出现贬值，而在第二季度和第三季度出现升值，全年贬值幅度约为2%。

日本的综合股指在2019年前三个季度中长时间处于震荡调整的阶段，但是在第四季度开始进入上升期，使东京日经225指数出现较明显的涨幅。

分析日本十年期国债对金融安全的影响，我们发现日本国债市场利率在年内呈U形变化，其国债利率在9月初期达到年内最低值。值得关注的一点在于，日本国债利率在全年均为负利率状态。

在外汇储备方面，日本在上半年出现明显的增加趋势，而在2019年下半年，日本的外汇储备呈震荡下行趋势。

日本CPI指数全年波动幅度较小并呈N形变化。由于日本全年的CPI指数同比增幅均小于1%，日本依然面临较高的通缩压力。值得指出的是，日本在1月、2月、9月和10月的通缩压力最大，CPI同比增幅仅为0.2%。

在房价指数方面，日本的房价综合指数波动频次多，且幅度相对较大。虽然该指数在年内整体呈现下降的趋势，但在1月末、5月末和9月末都出现了较大的增幅。

日本各季度的GDP在2019年并未保持稳定的增长趋势，特别是在第四季度，GDP额较往年同期有明显的下滑。不仅如此，日本的外债规模在2019年内也未出现明显的增长。

四、土耳其金融安全指数分析

土耳其的名义国内生产总值在2013年排名全球第十六名，但是其经济发达程度，却不能得到各方一致的肯定。美国认为土耳其已属发达国家行列，国际主要经贸机构和组织却认为土耳其属于新兴市场，而有学者认为土耳其只是新兴工业化国家。无论土耳其的经济地位如何，其特殊地理位置和经济机制是不容忽视的。作为连接欧洲、亚洲、中东和非洲的国家，土耳其在国际贸易中扮演着重要的角色。土耳其具有良好的社会经济基础，各项产业门类齐全，其农产品、纺织品、运输设备、建筑材料等产品在世界处于领先地位。土耳其的主要出口产品包括运输设备、金属制品、服装、电子产品、粮食等，主要出口国家包括德国、英国、伊拉克、意大利和美国等。在进口方面，土耳其大量进口能源产品、机械原材料、化工产品、半加工食品等，主要进口合作伙伴包括德国、中国、俄罗斯、美国和意大利。2017 年基期至 2020 年的新冠肺炎疫情前土耳其的金融安全指数走势，如图 23 所示。

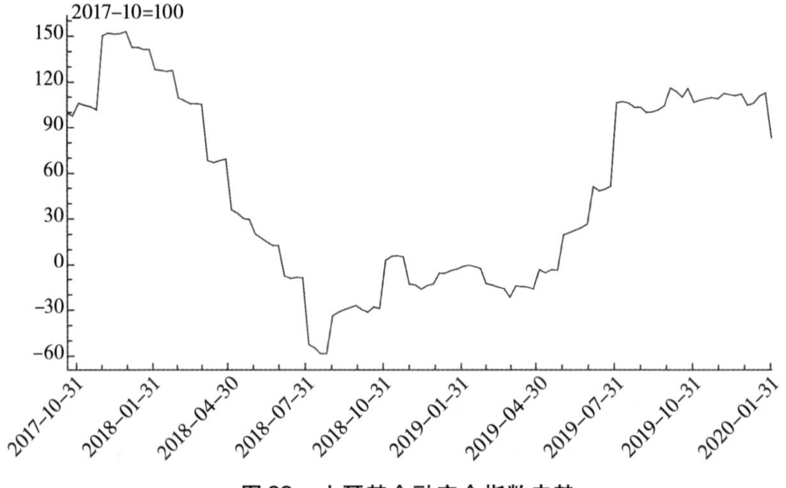

图 23　土耳其金融安全指数走势

在 2018 年，土耳其遭遇了货币与债务危机，穆迪和标准普尔分别在 3 月与 5 月将土耳其外债降级为垃圾级。在汇率方面，土耳其里拉在年内变化较大，其大幅贬值主要集中在第三季度。在 2018 年 7 月初期，美元兑土耳其里拉的汇率为 1∶4.56，在 9 月初，美元兑土耳其里拉的汇率已变为 1∶6.55，贬值幅度高达 43.64%。在第四季度，土耳其里拉的汇率虽然有所调升，但是其货币在全年依然发生了 39.52% 的贬值。

在股票综合指数方面，土耳其 ISE National－100 指数在年内整体处于下行状态，全年跌幅为 23.46%。其跌幅主要集中在上半年的阶段，在下半年时，土耳其综合股指整体处于震荡调整的阶段。在长期国债指标中，由于土耳其在 2018 年时出现债务危机，土耳其的国债利率在年内出现大幅上涨，特别是在标普 2018 年 5 月将土耳其的外债降级为垃圾级之后，其国债利率涨幅加速。在年初时，土耳其的国债利率为 11.37%，在 2018 年 8 月中期时涨至全年最高值 21.53%。虽然土耳其国债利率在第四季度时出现了较大程度的下降，但是在年末时较年初仍然有 39.22% 的提升，即上涨 446 个基点。

在外汇储备方面，土耳其在前三个季度均出现一定程度的下降，而在第四季度则出现一定程度的回调。尽管如此，土耳其的外汇储备变化仍较大，在年末时较年初减少 19.01%。

分析金融安全指数中居民消费指数 CPI 影响时，我们发现土耳其国内的通胀现象严重，并在下半年进一步恶化。在 2018 年第一季度时，土耳其的 CPI 指数同比增长幅度在 10% 左右。自第二季度起，特别是在 5 月之后，土耳其国内的通胀压力快速上升，并在第三季度末期攀升至 25% 的水平。虽然土耳其的 CPI 指数在第四季度有一定的下降，但在年末 CPI 同比增幅依然维持在 20% 的水平。在房价指数方面，土耳其的房价同比增长幅度在 2018 年整体均处于较高水平。土耳其的房价指数在上半年时，同比增长维持在约 9% 的水平，在下半年，则是出现一定程度的下降，并在年末降至 4.45%。

在国内生产总值 GDP 方面，土耳其的 GDP 在年内整体虽然呈现上涨的趋势，但是在第四季度 GDP 增长明显放缓。值得注意的是，虽然土耳其第四季度 GDP 同比增长为正，但是较第三季度环比出现下滑。在外债方面，土耳其的外债规模在年内持续下降，其外债规模在第四季度时较第一季度下滑 6.66%。

通过对比土耳其的金融事件和其各项金融指标的表现，我们发现其主要变化发生在 2018 年 5 月之后，即标普将土耳其的外债降级为垃圾级之后。面对货币快速贬值和国内的高通胀压力，土耳其政府未能在第一时间出台有效的措施，导致其整体金融安全水平在 5 月之后出现大幅下滑。

在 2019 年，土耳其的金融危机相对有所缓解，其金融安全水平也出现了较大的恢复。在汇率方面，土耳其里拉在2019年第二季度出现较大程度的贬值，但是在下半年阶段，汇率贬值得到了较为有效的控制，情况并没有进一步恶化。虽然土耳其里拉的货币价值在全年依然出现了12.5%的贬值，但是相较2018年的表现，已经有了较大的改善。

从股票市场看，土耳其ISE National－100指数在经历过2018年的大幅下跌之后，在2019年出现一定程度的反弹，但是整体涨幅较小。在2019年第一季度，土耳其的综合股指出现一定程度的下跌，在第二季度出现反弹的趋势。虽然在9月土耳其的综合股指出现了一定程度的回落，但是并没有改变整体上行的走势。在2019年年末，土耳其的综合股指较年初上涨9.95%。在国债利率方面，土耳其的国债利率在上半年，大体处于上行阶段，并一度涨至20%的水平。在下半年，土耳其的国债利率开始不断回调。在年末，土耳其的国债利率较年初下行26.02%，即422个基点。

在外汇储备方面，土耳其的外汇储备在2019年年内未出现显著的变化，整体处于震荡调整之中。在年末，土耳其的外汇储备较年初提升2.93%，整体变化不大。

作为金融安全水平中重要的指标，土耳其在经历过2018年的高通胀之后，其通胀压力在2019年出现一定程度的缓解。在1月末，土耳其的CPI指数同比增幅超过20%，随后增幅开始逐月缩小。特别是在2019年下半年，土耳其的CPI指数下降速度加快，在年末回落至12%的水平。虽然土耳其国内的通胀压力并没有完全得到缓解，但是相较2018年已经出现了一定程度的改善。在房价指数方面，土耳其的房价指数同比增长幅度在上半年虽然出现一定程度的下降，并在5月末达到全年最低值，但是自2018年7月起，土耳其的房价指数同比增长幅度出现较大的回弹，并在年末时同比增长超过10%。

土耳其的GDP在2019年出现较大增长，但其第四季度的GDP较第一季度环比增长30.13%。而在外债方面，土耳其的外债规模持续下滑，其第四季度的外债规模较第一季度下降3.98%。

土耳其的金融安全水平在2019年得到了较大的提升，主要得益于其货币汇率的稳定和通胀压力的相对缓解。值得注意的是，虽然土耳其并未摆脱高通胀的压力，且房价出现较高程度增长，但其第四季度的金融安全水平回到与中国相似的高度，说明其经济基础并不薄弱。

五、俄罗斯金融安全指数分析

俄罗斯在航空航天、核技术、基础科学等领域均为世界前列水平。能源是俄罗斯目前出口产品的重要组成部分，除此以外，其出口产品还包括金属加工品、武器装备、通信设备、农产品等，主要出口伙伴包括欧盟各国、中国、韩国和土耳其。其进口产品包括车辆、机械、化工制品、塑胶制品、半导体等，主要进口合作伙伴包括欧盟各国、中国和日本。

从图 24 中可以看出，俄罗斯的金融安全指数呈现脉冲态势，这与俄罗斯的金融安全以及国际能源价格的脉冲走势相关。从整体上看，俄罗斯的金融安全程度与多数国家大致维持在同一水平上，但是其安全指数波动较大，该特点是由国际能源价格走势变动、俄罗斯与别国发生的冲突和制裁等内在和外在的综合原因所导致。2019 年 6 月 5 日，中国同俄罗斯签署《中华人民共和国和俄罗斯联邦关于发展新时代全面战略协作伙伴关系的联合声明》以及《中华人民共和国和俄罗斯联邦关于加强当代全球战略稳定的联合声明》，从此“新时代中俄全面战略协作伙伴关系”正式建立。

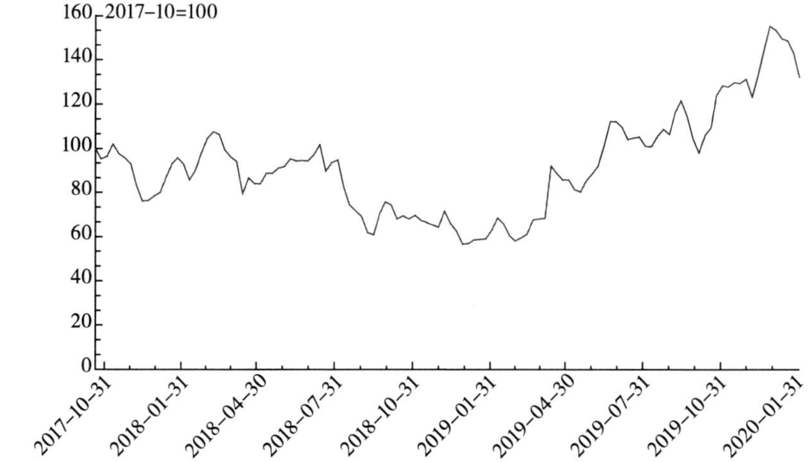

图 24 俄罗斯金融安全指数走势

俄罗斯与中国在各个领域各个方面的合作，也在一定程度上使得在2017年至2019年间，两国经济和金融发展存在“一荣俱荣”的态势。中国的经济繁荣和金融安全，可以使中国和俄罗斯两国在此期间的金融安全程度同步得到一定的提升。

在2018年，俄罗斯金融安全程度整体波动较大。从全年的汇率变化看，俄罗斯卢布的汇率均出现一定程度的贬值。卢布的贬值整体呈阶梯式变化，其汇率在4月中旬和8月中旬，出现明显的断层。对比俄罗斯货币在年初和年末时的购买力，卢布的贬值程度为21.77%。

从金融安全指数中的股票指数看，俄罗斯RTS指数不仅在年内大幅下行，且整体波动巨大。值得一提的是，俄罗斯的综合股指在2018年4月出现了断崖式的下跌，随后进入大幅调整阶段，并在9月达到全年的最低值。尽管俄罗斯的综合股指出现了较大幅度的下跌，但是从利率表现看，俄罗斯国债利率在年内不断上升。俄罗斯国债利率在2018年年末较年初利率上涨115个基点，整体涨幅为15.21%。与此同时，俄罗斯的外汇储备在2018年也出现了一定程度的提升，其中2018年第一季度和第四季度的上涨幅度尤其明显。

在居民消费指数CPI方面，俄罗斯的CPI指数同比增幅仅在上半年表现良好，整体涨幅维持在1%~3%，但下半年增幅不断扩大。尤其值得注意的是，俄罗斯CPI指数同比增长在2018年8月末期突破3%的水平，并在年末达到4.3%，说明俄罗斯在2018年下半年面临一定的通胀压力。在房价指数方面，虽然俄罗斯的房价综合指数是以季度数据呈现的，但是依然能够体现出其房价同比增幅在2018年处于不断扩大状态。不仅如此，俄罗斯的房价同比增幅数值较大，一定程度上反映出其房价市场有过热的迹象。

在国内生产总值GDP方面，俄罗斯在2018年中有较稳定的提升，其中俄罗斯的第四季度GDP较第一季度环比提升22.97%。尽管如此，俄罗斯的外债规模在年内并没有得到良好的发展，其外债规模在年末较年初下降了12.58%。

通过分析俄罗斯在2018年内金融安全指数中各指标的走势，我们可以发现，俄罗斯的多项金融指标在年内表现出较大的波动幅度，安全指数值发生较大的变化。特别是俄罗斯在下半年受到高通胀、房价高涨、大幅外债规模下滑的影响，使其安全指数整体评价较低。

在2019年，俄罗斯卢布整体处于波动上扬的状态，年末卢布的购买力较年初提升了7.71%。值得一提的是，俄罗斯卢布的汇率在7月曾出现较大的贬值，汇率曾一度落至年初的水平。

俄罗斯的综合股指在2018年虽然出现了较大程度的跌幅，但是其在2019年表现强劲，仅在7月出现一次较大的下跌。在年末，俄罗斯的综合股指较年初上涨42.52%。与此同时，俄罗斯的十年期国债利率也出现一定程度的下行。在年末，该利率下行至6.23%。俄罗斯的外汇储备，在2019年也出现较大的连续增长。

虽然俄罗斯在2019年依然没有完全解决国内的通货膨胀问题，但其CPI指数同比增幅在稳定缩小，并在12月末达到3%的水平。该指标的变化说明俄罗斯国内的通胀压力在年内得到逐步缓解。在房价指数方面，俄罗斯同样表现良好。虽然其同比增幅并非逐月缩小，但是相较于2018年，其房价上涨的幅度已经有了有效的控制且低于同期水平。

俄罗斯在2019年的GDP增长稳定，未出现大幅波动。俄罗斯的外债规模在年内虽有增长，但整体波动较大。特别是在第三季度，俄罗斯的外债规模出现了较大幅度的下滑。然而，俄罗斯的外债增长量在第四季度远高于往年同期水平，其涨幅足以弥补第三季度中的外债流失，并使其全年的外债规模提高了4.68%。

通过观察俄罗斯在2019年的各项指标，我们发现俄罗斯的整体经济环境相较2018年发生了较大变化，多项指标从欠佳的状态调整至较好的状态。各项指标的变化说明，俄罗斯的金融安全水平跳跃性较大。

六、巴西金融安全指数分析

巴西是拉美地区面积最大、人口最多的国家。作为G20以及金砖成员国，巴西政治局势较为稳定，法律体系较为完善，经济实力居拉美地区首位，拥有地区影响力和一定的国际影响力。2020年，巴西的国内生产总值达到14340亿美元，位居世界第12位，人均国内生产总值为6783美元，世界排名第86名。2017年基期至2020年的新冠肺炎疫情前巴西的金融安全指数走势，如图25所示。

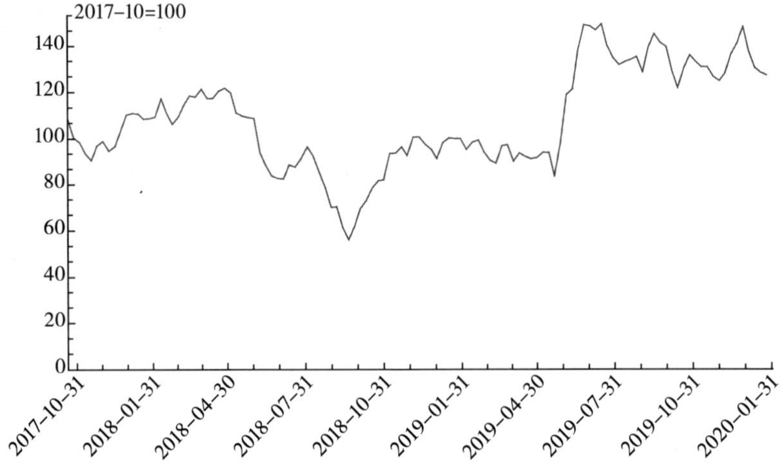

图25　巴西金融安全指数走势

巴西拥有优越的自然条件和人力资源优势，农业、采掘业、制造业和服务业较为发达。自然资源方面，巴西铁矿储量大、质地优良，产量和出口量都居世界前列。石油、铁矿、铌矿及淡水、森林等自然资源丰富。巴西农牧业资源得天独厚，大豆、玉米、咖啡、柑橘以及牛肉、猪肉和家禽肉出口量均居全球前列，巴西已成为全球农产品出口大国、全球重要的食品供应地。巴西的主要出口商品有咖啡、大豆、铁矿石、橙汁、钢铁和蔗糖等，其主要出口合作伙伴包括中国、美国、阿根廷、荷兰和智利。

巴西经济体系较为完整，门类齐全，服务业产值占国内生产总值超过70%，金融业较为发达。作为新兴经济体和发展中大国，巴西经济发展潜力巨大，具备较大的市场规模，拥有一定的市场购买力。

在2018年，在汇率方面，巴西雷亚尔的整体贬值幅度较大，其汇率在9月虽然出现一定程度的上升，但也未能从根本上改变雷亚尔的走势。对比雷亚尔汇率在年末与年初的变化，其全年贬值幅度为18.35%。

巴西的圣保罗IBOVESPA指数在2018年最明显的特征就是波动较为剧烈。其体现在巴西的综合股指虽然全年的涨幅为12.83%，整体呈现出较好的涨势，但是在5月和6月曾出现连续较大幅度下跌。其综合股指在随后虽然有所反弹提升，但是整体涨幅并不连续，而是分成了两个不同的区间。相较之下，巴西的十年期国债利率虽然在年内也出现较大的变化，但其波动程度小于其综合股指的波动程度。巴西的十年期国债利率整体呈M形走势变化，两次高峰分别出现在7月初期和9月中旬。在2018年年末，巴西的十年期国债利率较年初水平下降84个基点。

在外汇储备方面，巴西的外汇储备整体水平在年末和年初的变化幅度不大。在前五个月内，巴西的外汇储备处于逐月小幅增长的态势，在6月至11月，趋近于震荡调整。最后，巴西在12月外汇储备大幅降低，这使得年内的外汇积累归零。

在居民消费指数CPI方面，巴西CPI同比增长出现明显断层。在2018年1月至5月，巴西的CPI指数徘徊在3%左右，而自2018年6月起，巴西的CPI指数迅速升至4.5%，巴西在下半年面临了一定的通胀压力。在核心资产的房价指数方面，巴西的房价指数同比增长幅度在年内虽然处于扩大态势，但是整体涨幅维持在3.6%~4.6%，变化幅度相对稳定。

在国内生产总值GDP方面，巴西自2016年起呈现出独特的周期变化。巴西第一季度GDP是年内的最低值，其峰值出现在第三季度，其GDP分布整体呈现倒V形。结合巴西历史GDP数据，我们可以发现，巴西GDP在年内实现了稳定增长。

尽管巴西在GDP方面的表现良好，但其外债规模在年内出现较大波动。从官方数据看，巴西的外债规模在第三季度出现一定程度的下滑，虽然其第四季度的外债规模较第三季度有明显增长，但是从全年的角度看，巴西的外债规模在年末较年初仅提升0.33%。

在分析巴西的各项金融指标之后，不难看出巴西的多项金融指标波动性较大，从而导致了金融安全指数值的变动幅度较大（如图24所示）。特别是在2018年下半年，巴西的金融安全指数评级出现较大幅度的下降，其原因一方面在于下半年时出现的通胀压力，另一方面在于房价增长水平虽然稳定，但是涨幅整体偏高。

在2019年，巴西雷亚尔的汇率整体呈现出下跌的状态，但是年内的变化较大。其中，雷亚尔的汇率在第一季度不断下降，但在第二季度出现较大幅度的升值，并在7月初上浮至年初水平。然而，该情况并没有维持太久，很快雷亚尔的购买力便出现了二次下滑。

综合股指在金融安全评判中具有重要作用，巴西的综合股指在2018年内上升幅度较大，巴西的综合股指在年内处于稳步上扬的状态，市场表现出更多的活力。在年末，巴西的综合股指较年初上涨27.07%。在国债利率方面，巴西的国债利率在2019年5月末出现较大幅度的下降，到年末，其国债利率较年初已经下行249个基点。但是与2018年相比，巴西国债的波动程度有明显的下降。

巴西的外汇储备，在2019年上半年呈现缓慢增长趋势，但是在下半年出现了较大幅度的下降，外汇储备在年末较年初下降了5.33%。

同时，巴西在2019年未能摆脱通胀的压力，第二季度尤为严重。但在房价指数方面，巴西的房价同比增幅变化虽然在年内较为不稳定，但是整体依然呈现缩小的趋势，标志其房价市场逐渐得到较好的控制。

在GDP的经济增速方面，2019年巴西虽然保持了较高的GDP环比增长，但是与2018年相比，其同比增长幅度不大。在外债方面，巴西的外债规模在2019年整体水平变化幅度较小。

与2018年相比，巴西在2019年的各项金融指标表现得更加稳健，安全指数值在年初有较大幅度的提升。但是稳定的金融指标并不意味着其整体的金融环境良好，巴西在下半年的通胀压力，与往年相似的GDP水平，以及相对固定的外债规模，均成为限制其金融安全水平进一步提高的原因。

七、南非金融安全指数分析

南非作为非洲的第二大经济体，G20国家中唯一的非洲国家，人均生活水平在非洲名列前茅。南非拥有极其丰富的矿产资源，其铂族金属、氟石、铬储量居全球第一，结合其深厚的工业背景，使南非的采矿行业处于世界前列水平。南非还拥有非洲规模最大的交易所，其市值在全球排名第17。当前，南非的支柱产业依次为服务业、工业和农业。主要出口产品包括黄金、钻石、酒类、铁矿石、铂等，主要出口合作伙伴包括中国、美国、德国、博茨瓦纳、纳米比亚和印度等国。主要进口产品包括机械装备、化学制品、石油产品等，主要进口合作伙伴包括中国、德国、美国、印度、阿拉伯和日本等。虽然南非的经济实力位于非洲前列，但是其经济发展并不平衡。世界银行 2014 年数据显示，南非有近 55. 5% 的人口生活在贫困线以下。2017 年基期至 2020 年的新冠肺炎疫情前南非的金融安全指数走势，如图 26 所示。

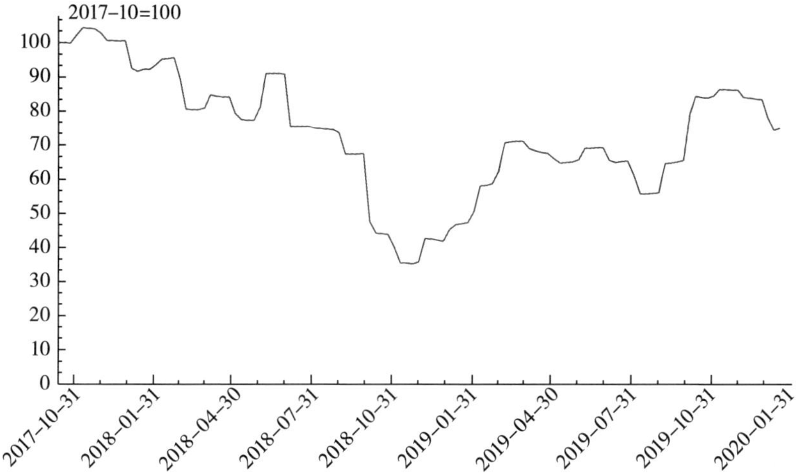

图 26　南非金融安全指数走势

在汇率方面，南非汇率在 2018 年出现先升后降的走势，且汇率出现相对较大的波动。在 2018 年年末，南非兰特较年初贬值 16. 87% 。

从股票综合指数看，南非的综合股指在上半年的表现相对平稳，整体处于震荡调整的状态，而在下半年开始进入下行区间，并在 11 月初达到全年最低值。在 2018 年年末，南非的综合股指跌幅为 11. 38% 。从利率表现看，南非的国债利率整体呈倒 N 形变化，其最高值出现在 10 月初。在年末，南非的十年期国债利率较年初变化不大。

在外汇储备方面，南非的外汇储备在年内变化较大。在 1 月至 4 月间，南非的外汇储备整体处于下降状态，但是在 5 月，出现了一次较大幅度的回升，使其外汇储备高于年初水平。随后，南非的外汇储备进入震荡调整期，并在 12 月出现较大程度的回调。从整体上看，南非的外汇储备在年末略高于年初水平。

南非的 CPI 指数同比增长幅度在 2018 年整体处于不断扩大的状态，其 CPI 指数在 2 月末和 3 月末虽为全年较低值，但是也处于 3.8% 左右。而在下半年，南非的 CPI 指数同比增长幅度整体高于 5%，说明国内的通胀压力在不断地上升。在房价指数方面，南非国内出现一定的上涨压力，其房价指数同比增长幅度呈现出逐月递增的状态，全年涨幅波动范围在 4% ~5.5%。

在国内生产总值 GDP 方面，南非的 GDP 环比增长幅度较低，其第四季度较第一季度，上涨幅度仅为 6.17%。同时，南非的外债呈 U 形变化，并在第三季度达到年内的最低值。在 2018 年年末，南非的外债规模较年初下降 5.89%。

综合各金融指标表现，我们不难发现，南非在各明细指标上的变化虽然处于稳定调整的状态，但是由于其多项指标本身就处于欠佳水平，使南非的金融安全指数值在 2018 年持续下行。如图 25 所示。

在 2019 年的汇率走势中，南非的汇率在年内变化频繁且幅度较大，但是其汇率年度整体变化不大。在年末，南非兰特较年初升值 2.70%。

股票指数的明细指标显示，2019 年南非的综合股指出现了较大幅度的波动，虽然出现多次的上涨，但是很容易出现大幅回调。南非综合股指在 2019 年末，相较年初仅上涨约 5.5%。在国债利率上，南非的十年期国债利率在年内出现较大的震荡调整。

外汇储备在金融安全指数中具有重要的作用，南非的外汇储备可以分为两类时间点，其外汇储备在 2019 年 9 月，出现较大幅度增长，在其他时间，则是处于震荡调整的阶段。

通胀或通缩都会使一个国家的金融安全水平遭受一定的威胁，南非在 2018 年出现通胀的压力，在 2019 年依旧没能有效缓解。虽然南非 CPI 指数在第四季度的同比增幅出现一定程度的缩小，但是也高于 3% 的水平。在房价指数方面，南非的房价指数同比增幅在年内出现一定程度的降低。该指数变化趋近于倒 N 形，整体控制在 4.4% ~5.4% 的范围。

在 GDP 方面，两国均维持着相对稳定的增幅。2019 年，南非的第四季度 GDP 较第一季度环比增长 5.02%，低于 2018 年同期环比增长水平。在外债方面，南非的外债在 2019 年整体处于增加状态，但是第三季度出现一定程度的下滑。

虽然南非各项金融指标在 2019 年年末表现较年初变化不大，但是年内出现较大幅度的波动，金融安全水平出现较大的变动。

八、英国金融安全指数分析

英国作为世界上首个进入工业化阶段的国家，在世界经济中扮演着重要的角色。依据 2020 年名义国内生产总值计算，英国是全球第五大经济体。服务业在英国的经济中占据主导地位，每年对该国的 GDP 贡献约为 80%。除此以外，英国的金融业也非常发达，伦敦是著名的国际金融中心。在科技方面，英国的汽车制造、航空航天、电子通信等行业均处于全球领先地位。英国的主要出口商品包括工业制成品、化学制品、汽车和零部件、燃料和石油产品、工业用品和材料，以及军事武器和装备等。其主要出口伙伴包括德国、美国、荷兰、法国、爱尔兰和比利时。英国虽然农业符合高效集约化、机械化的欧洲农业标准，只用 1% 的劳动力就能生产全国所需的 60% 的农产品，但对其国内生产总值贡献已下降至不足 1%，且部分依赖进口。英国的主要进口产品包括制造业产品、机械、燃油和食品，其主要进口伙伴包括德国、中国、荷兰、美国、法国和比利时。2017 年基期至 2020 年的新冠肺炎疫情前英国的金融安全指数走势，如图 27 所示。

在 2018 年年初，英国下议院通过《退出欧盟法令》并开始进入与欧盟成员国间的贸易谈判阶段。从汇率的变化来看，英镑在年内整体呈现出凹函数的变化特征，其贬值期主要出现在 2018 年 5 月至 9 月，全年的贬值幅度为 5.88%。

在股票综合指数方面，英国的综合股指整体呈下行态势，且具有较大的波动。英国伦敦金融时报 100 指数在 2018 年 1 月至 4 月呈现下跌态势并在 3 月初期跌至 7000 点水平。随后英国的综合股指进入反弹期，在 5 月末

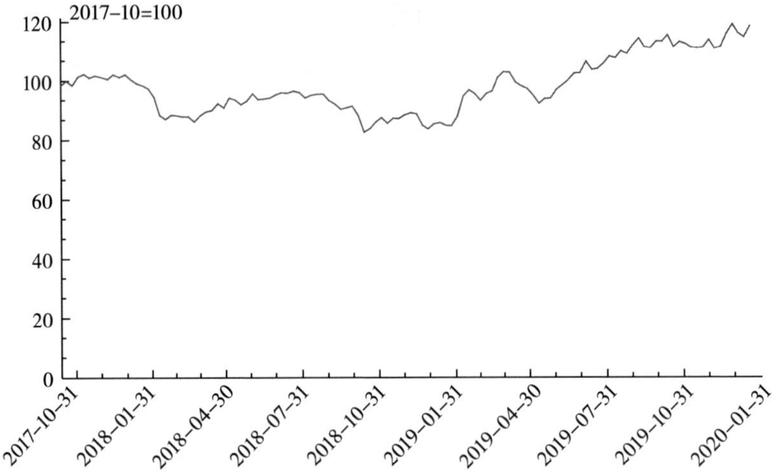

图 27　英国金融安全指数走势

期回升到年初水平。在接下来的时间里，英国的综合股指再次进入大幅下行阶段，并在年末跌至 6600 点水平。在十年期国债方面，英国国债利率在 2018 年处于震荡调整状态，年末与年初的国债利率变化不大。

英国外汇储备在 1 月至 9 月呈现震荡下行的状态，第四季度出现大幅增加。综合其全年的表现，英国的外汇储备在 2018 年度整体上升 4. 45% 。

英国的消费者物价指数 CPI 在 1 月至 8 月呈 U 形变化，且在第四季度整体的 CPI 较为稳定，未出现显著的升降行为。纵观英国各月份的 CPI 变化范围可以发现，其整体维持在 2. 3% 左右。不仅物价涨幅相对稳定，英国的房价综合指数同样维持着较为稳定的同比增长率，全年大部分时间维持在 2% 左右，在年末下降至 0. 53% 。

由于英国已经是老牌的发达国家，其国内生产总值 GDP 与外债水平处于上升状态但涨幅不高。但是，英国在 CPI 指数和房价指数方面有更稳定的表现，从而获得较高的金融安全指数等级指数值。

在 2019 年，英国的汇率变化情况大致呈现先升值、再贬值、再升值的三阶段变化。2019 年年初，英镑兑美元汇率为 1∶1. 26，而年末为 1∶1. 32，呈现小幅升值状态。

从股票指数看，英国的综合股指在年内出现一定的涨幅，其涨幅主要出现在 2019 年的第一季度和第二季度。在年末收盘时，英国的综合股指虽未回到年内最高水平，但已与 2018 年年初持平。在国债利率方面，英国的国债利率整体呈先下降后上升的趋势，并在 9 月达到全年最低水平。英国的国债利率在年末为 0.8894%，相较年初下行 36.5 个基点。

在外汇储备方面，英国的外汇储备在年内的变化曲线呈 U 形，并在 5 月末达到全年最低点。与年初相比，英国的外汇储备在 2019 年整体有所提升，并在年末达到 2083 亿美元。

英国的 CPI 在 2019 年整体处于先升后降的变化之中，其第二季度的 CPI 指数同比增长较高，在 2% 的水平。在房价指数方面，英国房价指数波动较大，年初增速为 0.10%，年末为 1.41%，虽然整体处于上升状态，但其上涨幅度相对较小。

在 GDP 方面，英国的第四季度 GDP 增长停滞，相较第三季度，其增幅为 –0.04%。

虽然英国的 CPI 指数与房价指数整体依然处于较低水平，但与 2018 年相比，其波动相对较大。如图 26 所示。

九、德国金融安全指数分析

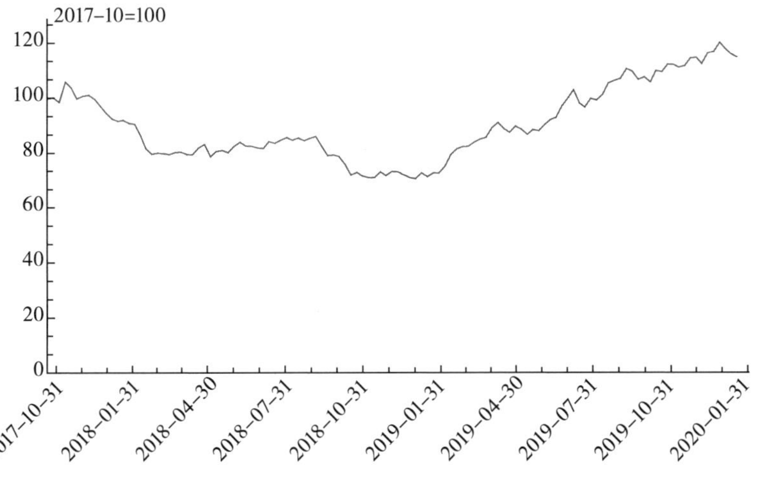

图 28　德国金融安全指数走势

德国作为全球第四大经济体、欧洲最大的经济体、欧盟成员国中最重要的组成部分，是一个经济实力雄厚的工业国家。其汽车制造、电气工业、机械制造和化工产业均处于世界领先地位，是全球制造业中最具竞争力的国家之一。在出口方面占德国出口业主导地位的是汽车和汽车零部件、机械、数据处理器、电子和化学设备，这 4 个产品门类占到德国出口的近一半。其主要出口伙伴包括中国、荷兰、美国、法国、英国和意大利。德国的主要进口商品包括机械器具、数据处理设备、化学制品、石油及天然气等，主要进口贸易伙伴包括中国、荷兰、法国、比利时、意大利和俄罗斯。德国的褐煤的产量虽然位于世界前列，但石油及天然气则依赖输入。由于需要大量能源支持国内工业生产，德国在 20 世纪 60 年代开始大力发展核能发电，同时是核能设备的主要输出国。但由于德国国内一直存在反核的声音，为了解决能源上的不足，德国目前着力发展再生能源。2017 年基期至 2020 年的新冠肺炎疫情前德国的金融安全指数走势，如图 28 所示。

德国的金融安全指数值与多国有较高的相似度。从汇率角度分析，2018 年欧元出现了一定程度上的贬值，其中欧元的首次大幅贬值出现在 5 月。

从股票指标看，德国的法兰克福 DAX 指数整体处于下行状态且波动较大。值得指出的是，该指数在 4 月与 5 月出现过较大幅度的上涨，且在 5 月末回到年初水平。不仅如此，德国在十年期国债方面也处于下行阶段。同样，德国的国债利率也出现较大跌幅且波动率较高。从数据上可知，德国的十年期国债利率在年初约为 0.4%，至 2018 年 2 月中期，其国债利率上涨至约 0.8%，随后进入下降通道。在 5 月末，德国国债利率曾出现短暂的闪崩状态，在一天时间内其利率从 0.41% 下跌至 0.21%，并在随后的交易日回到 0.33%。在 2018 年年末，德国的十年期国债利率为 0.23%，较年初下降 22 个基点。

在外汇储备方面，德国的外汇储备呈 U 形变化。特别是在 2018 年 12 月，德国的外汇储备较 11 月出现较大的提升，整体涨幅为 3.76%。

消费者物价指数 CPI 在国别金融安全指数中扮演着重要的角色，德国在第一季度的 CPI 指数较低，大体维持在 1.3% 水平，在剩余月份中，维持在 1.9% 左右。由此可见，德国的 CPI 同比增幅在 2018 年整体较为稳定，特别是在第三季度和第四季度中，德国的 CPI 指数变动较小。

在国内生产总值 GDP 方面，德国作为发达国家，其 GDP 变化幅度不大，但也维持着增长的态势。同时，德国的外债水平在 2018 年也实现了稳定增长。

德国上半年的股指和 CPI 指数均有较大幅度的变化，从波动率的角度进行分析，其稳定性相对较低。而在进入下半年后，德国的股指均处于下行阶段且波动较小。得益于 CPI 指标的稳定表现，德国的金融安全水平下降幅度有所放缓。

从图 27 可以看出，2019 年，德国的金融安全指数呈平缓上行的状态。从汇率的角度看，欧元汇率在年内变化呈 M 形，在第一季度与第三季度出现贬值，而在第二季度与第四季度出现升值。在年初欧元兑美元汇率为 1∶1.14，在年末为 1∶1.12，贬值幅度为 1.75%。

德国的综合股指在年内处于上升阶段，且整体表现平稳。德国综合股指虽然在 8 月出现一定程度的下滑，但在其余各月均表现出稳定上涨态势。值得一提的是，德国的综合股指在 2019 年年末已经回到 2018 年年初水平。在十年期国债市场上，德国十年期国债利率变化相对单一，整体呈 U 形。值得注意的是，德国国债利率在 3 月末开始进入负利率时期，并在 9 月初降至 -0.74%。

在外汇储备方面，两国的变化曲线具有较高的相似性，仅在第一季度出现轻微的差别。其中，德国的外汇储备水平在第一季度出现小幅的下降，并在 6 月与第三季度中出现较大幅度的提升，在第四季度进入震荡调节阶段。

德国的 CPI 指数在 2019 年增幅变化较不稳定且整体偏低。德国仅 4 月的 CPI 同比增长约为 2%，为当年的最高值。其中 9 月、10 月与 11 月的 CPI 同比增长低于 1.2%，其余月份在 1.4% 上下波动。由此可见，德国的物价整体增长虽然处在 1% ~3% 的理想范围中，但却处在通缩的边缘。

2019 年，从金融安全指数这些指标分析来看，德国整体表现良好，金融安全程度较 2018 年有所提高。

十、法国金融安全指数分析

与其他发达国家相似，法国同样拥有高度发达的市场经济体系。依据 2020 年名义国内生产总值计算，法国是世界第七大经济体。法国不仅是欧洲的农业大国，同时也是世界上发达的工业大国，其核工业、航空航天工业、化工材料工业和时尚产业处于世界领先地位。法国的支柱产业包括农业、工业和旅游业。主要出口产品包括农产品、飞机、塑胶品、化学品、药品和酒类。主要出口伙伴包括德国、西班牙、意大利、美国、比利时和英国。法国虽然是核能大国，核能提供的发电量占整体比例超过 70%，但其能源产量相对匮乏。根据 2021 年数据，法国的能源进口依赖程度为 48.4%。法国的进口产品包括汽车、原油、塑料和化工品，主要进口贸易合作伙伴包括德国、比利时、荷兰、意大利和英国等国。2017 年基期至 2020 年的新冠肺炎疫情前法国的金融安全指数走势，如图 29 所示。

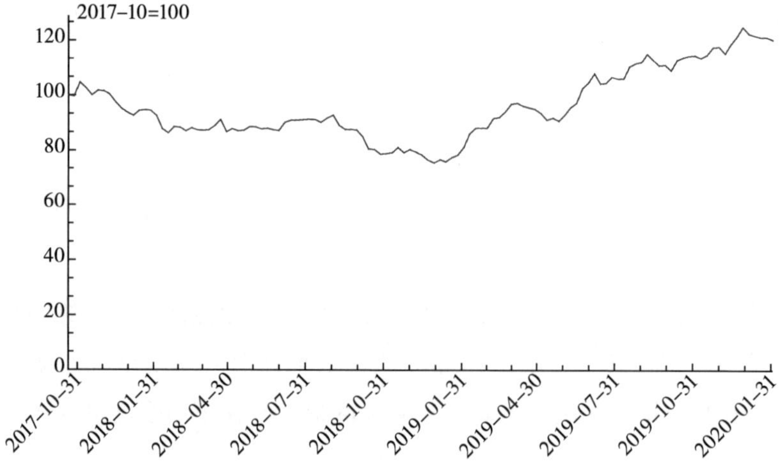

图 29　法国金融安全指数走势

在欧洲的主要国家中，法国金融安全指数在排位上的变动幅度较大。在英国正式退出欧盟之前，法国的金融安全水平与英国接近，并部分时候高于中国的金融安全水平。

作为欧盟成员国中的一员，法国同样使用欧元作为官方货币。因此在汇率方面，法国的表现与德国一致。在股票综合指数指标上，法国的巴黎CAC40指数在2018年处于下行阶段，且其波动幅度较大。以2018年4月和5月股指走势为例，虽然第一季度法国的综合股指整体下行，但在4月股指反弹较强烈，并在4月末恢复到接近年初水平。虽然法国综合股指在5月末超过年初表现，但在2018年下半年整体依然处于下行状态。从全年的角度看，法国2018年综合股指降幅为10.55%。在利率的国债市场上，法国的国债利率虽然处于下降状态中，但波动幅度较小。从2018年全年的角度看，法国的国债利率从年初的0.82%降至年末的0.71%，虽有降低，但是幅度较小。

在2018年，虽然法国的外汇储备的总量在年初和年末的差距不大，但是其年内出现较多的波动变化，导致其整体的波动率较高。

法国消费者物价指数CPI呈现出倒U形变化曲线。法国2018年前三季度的CPI指数不断升高，由年初的1.2%升至2.3%。在第四季度，法国的CPI指数增幅出现一定程度的下降，并在年末达到1.6%的水平。从全年的角度看，法国的CPI波动整体较稳定。在房价指数方面，法国主要是季度数据，从数据中我们可以发现，法国的房价指数同比增幅变化不大，在前三个季度中，其房屋指数增幅处于2.8%~2.9%范围内，在第四季度虽有上升，但仅为3.2%。

在国内生产总值GDP和外债方面，法国整体在2018年呈上涨趋势。

对法国的金融安全指数中的数据分析，不难看出，法国整体金融水平较为稳定，特别是在股票市场和CPI指数方面。在股票市场中，法国的综合股指跌幅在欧洲整体水平中属于较低的位置。在CPI方面，法国处在1%~3%的安全范围，且法国的CPI变化稳定。法国的房价指数在2018年下半年虽然有所上升，但幅度不大。

在2019年，法国的股票综合指数表现较好，整体处于上扬状态。值得一提的是，法国的股指不仅在各季度均有所上涨，且整体涨幅稳定。虽然其第三季度初期出现了较小的跌幅，但是并没有妨碍其整体的走势。从全年的股指上浮水平看，法国的综合股指全年涨幅为27.48%。在国债利率方面，法国整体呈U形变化。值得一提的是，法国的国债利率收益在7月首次出现负数收益，但在11月便回升为正收益。从变化幅度的角度看，法国的国债利率在年末较年初出现0.4%的降幅。

在外汇储备指标上，法国的外汇储备在第一季度有小幅度下降，在第二季度与第三季度进入大幅上升期，在第四季度持续震荡调整。

在CPI指数方面，法国CPI指数同比增幅全年整体较稳定，月度间变化不大。但法国的CPI同比增幅整体处于0.9%至1.2%之间，说明法国国内出现较为轻微的通缩现象。在房价指标中，法国的房屋指数同样表现相对稳定，虽然年内呈现出一定的上浮，但变化幅度不大，其年初房价同比增长为2.9%，年末为3.8%。

在GDP和外债方面，法国在2019年前三季度保持一定程度上浮，但第四季度表现欠佳，略低于第三季度水平。

通过研究我们可以发现，法国的各项经济指标在2019年的表现整体良好，特别是在CPI指数和房价指数方面具有较高的评价。因此，法国的金融安全指数在2019年整体处于上升的阶段。

十一、加拿大金融安全指数分析

加拿大是全球最富裕的国家之一，是世界第十大经济体。根据全球清廉指数排名，加拿大贪腐水平极低且国民贫富悬殊较低。同时加拿大具有高度全球化经济特征，多伦多股票交易所是世界第八大股票交易所。虽然服务业是加拿大的核心支出产业，将近3/4的国民从事服务性行业，但其余行业在加拿大的经济中也具有举足轻重的地位，比如农业、木材、能源、制造业和渔业，其电子娱乐行业在全球也处于领先地位。其主要出口商品包括汽车及零部件、通信设备、化学制品、木材、原油以及天然气，主要出口伙伴包括美国、英国、中国、日本和墨西哥。由于其广阔的领土面积和相对较低的运输成本，加拿大不仅是大宗商品出口国，也是大宗商品进口国。其主要进口商品包括石油、机械设施、化学原材料和电力，主要进口合作伙伴包括美国、中国、德国和墨西哥。

从汇率的角度看，加拿大的货币在2018年年内整体处于贬值状态，且年内的波动较高。加拿大元在第三季度虽然出现小幅升值，但在第四季度出现较大幅度的贬值。

在股票综合指数指标上，多伦多股票交易所300指数走势类似于法国市场，全年出现两次较大跌幅。在第一次跌幅出现后迅速回升，并在年中恢复至年初水平。自2018年9月起，加拿大股票市场进入长期下行阶段。与年初相比，加拿大的股指跌幅为12.18%。在十年期国债市场上，加拿大的国债利率在年内虽出现一定幅度的波动，但整体水平几乎维持不变。

在外汇储备方面，加拿大外汇储备呈现W形变化，在上半年阶段整体处于下行，但在下半年处于震荡上行之中。

在消费者物价指数CPI方面，加拿大的CPI指数则大致分为两个阶段，在上半年处于同比增幅扩大阶段，而下半年处于同比增幅缩小阶段。加拿大的CPI指数长期处于1%~3%，未出现明显的通胀或通缩压力。在房价指数方面，加拿大的房价指数处于下行之中。在2018年年初，加拿大的房价指数同比涨幅约在3%水平，而年末下降至0。

在国内生产总值GDP方面，加拿大在第三季度的GDP增长较平均水平偏高，整体表现出较为稳定的增长状态。在外债方面，加拿大出现较大的变化，第三季度的外债规模低于第二季度，但第四季度外债规模迅速回归到正常增长水平。

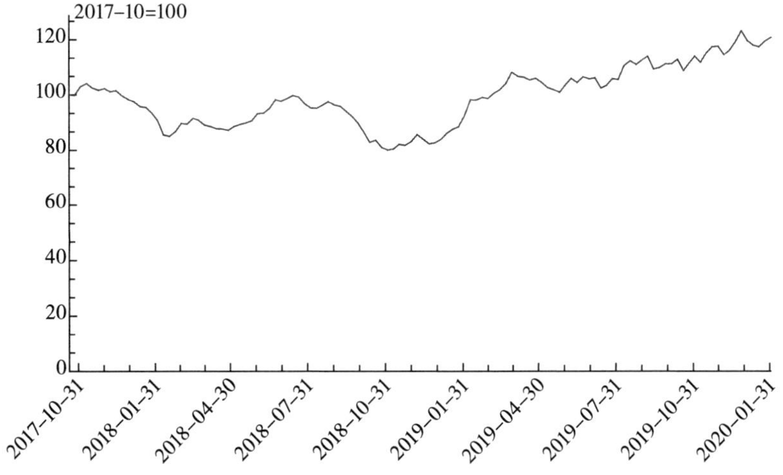

图30 加拿大金融安全指数走势

从图 30 可以看出，在 2019 年，加拿大的金融安全指数虽然在逐步上升，但在下半年时增速放缓。从汇率的角度看，美元兑加拿大元汇率在年内整体下降，说明加拿大元价值在年底有所提升。值得注意的是，在第一季度，加拿大元呈现 U 形变化，但整体水平相对稳定；在第二季度，加拿大元汇率在前两个月整体稳定，但在 6 月出现较大幅度的升值；自第三季度起，加拿大元进入稳定调整状态。

从股票综合指数这一明细指标看，加拿大的综合股指整体呈现上涨的态势。其中，加拿大市场在第一季度出现大幅上涨，在剩余的三个季度内，以相对较低增速稳步上涨。在利率指标的国债表现上，加拿大国债利率整体波动较大，年末国债利率低于年初水平，下行了 22 个基点。

在外汇储备方面，加拿大外汇储备全年处于下行状态且波动较大，其第一季度外汇储备出现大幅减持，并在 3 月末达到全年最低点，在第四季度其外汇储备虽然有所上升，但较年初水平依然偏低。在第三季度和第四季度，加拿大的外汇储备处于震荡下行阶段。

CPI 指数在国别金融安全指数评价中有重要的作用，加拿大在 2019 年 1 月至 5 月，CPI 出现较大的增幅，而在下半年，整体维持在相对稳定的水平。从全年的角度看，加拿大 CPI 整体在 1.5% ~2.4% 范围内变化，没有明显的通缩或通胀压力。在房价指数方面，加拿大的房价指数变化呈 U 形，且在 2019 年中期房价指数增长为负，并在 7 月末达到全年最低点，为 -0.39%。

在 GDP 和外债方面，加拿大维持着较为稳定的涨幅。其中，加拿大的外债规模在第二季度中有较大的增长。

十二、澳大利亚金融安全指数分析

澳大利亚为南半球经济最发达的国家，亦是世界经济最发达的国家之一。2020 年，澳大利亚的国内生产总值达到 13590 亿美元，居世界第 13 位。人均国内生产总值达到 52825 美元，居世界第 9 位。澳大利亚的金融、商业、服务业以及旅游业均很发达。

澳大利亚作为世界贸易强国，其对外贸易占国内生产总值的百分比在

2019 年达到 45.7%，是世界十大农产品出口国和六大矿产资源出口国之一。主要出口商品有煤、黄金、铁矿石、原油、天然气、铝矾土、牛肉、羊毛、小麦、糖、饮料等。主要进口商品有航空器材、药物、通信器材、车辆、原油、精炼油以及汽车配件等。澳大利亚的主要贸易对象有中国、日本、美国、新西兰、德国、英国等。

中国是澳大利亚最重要的贸易伙伴之一，自 2018 年 2 月起，由于澳大利亚收紧对中国资金的审查政策，导致中国对其外商直接投资量开始下降。中国在 2018 年年末开始采取反制措施，自 11 月 19 日商务部宣布对原产于澳大利亚的进口大麦进行反倾销立案调查以来，中国和澳大利亚持续出现贸易摩擦。

中澳两国金融安全水平在 2018 年中期开始出现较为明显的分化，但是在汇率走势方面，澳大利亚的货币自 2018 年 2 月起便出现一定程度的贬值。

澳大利亚普通股指数在 2018 年年内出现较大的波动，整体呈现倒 N 形变化，其综合股指两次跌幅分别出现在 2018 年 2 月初和 9 月初。值得一提的是，澳大利亚的股指在 11 月初曾经出现短暂反弹，但是自 11 月中旬起，快速返回了下行趋势。结合中澳两国的贸易冲突事件，我们认为中澳两国的经济政策或许是股票走势改变的主要原因。在利率指标的国债表现上，澳大利亚的国债利率在年内出现一定程度的下降，跌幅主要在 2018 年 11 月与 12 月，使其国债利率在 2018 年年末较年初下降 34 个基点，整体降幅为 12.89%。值得一提的是，澳大利亚的国债利率在年内体现出多变的特征，全年均处于大幅震荡调整阶段。

外汇储备在两国金融安全水平中有重要的比重，澳大利亚的外汇储备在 2018 年前三个季度表现出多变的特征，而在第四季度表现为稳定地增加。但是从全年的角度看，澳大利亚的外汇储备整体稳定，年末较年初的变化幅度不大。

在居民消费指数 CPI 上，澳大利亚的 CPI 指数维持在 1% ~13%，整体表现良好，且澳大利亚的 CPI 变化相对稳定，波动区间较小。而在房价指数方面，澳大利亚的房价出现较大跌幅，仅 2018 年第一季度的增长为正，自第二季度起，澳大利亚的房价同比增长为负，在年末已降至 -5%的水平。

在国内生产总值 GDP 方面，澳大利亚的 GDP 变化有一定的周期性表现，其第二季度与第三季度的 GDP 水平相差不大，第一季度是全年的最低水平。从增长率上看，澳大利亚的 GDP 涨幅均相对稳定，其中澳大利亚第四季度的 GDP 较第一季度环比涨幅为 9.24%。

在外债规模方面，澳大利亚在 2018 年的外债规模呈现稳定增长态势①。值得一提的是，澳大利亚各季度的增长幅度差距较大，增幅并不稳定。

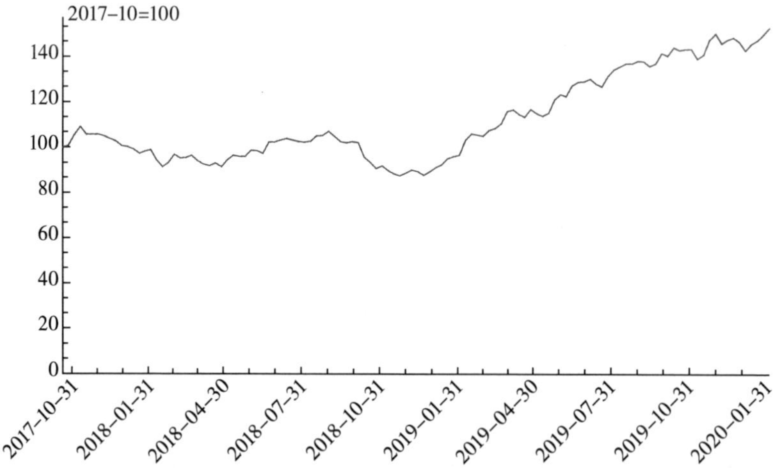

图 31　澳大利亚金融安全指数走势

从图 31 可以看出，在 2019 年，澳大利亚的金融安全水平有所提升。在汇率方面，澳元汇率变化在年内整体走势呈 N 形变化，并在 11 月出现较大幅度的升值。从全年的角度看，澳元的汇率在年末较年初变化幅度不大。

从股票综合指数看，澳大利亚的综合股指在年内出现较大的涨幅，且涨幅分布较为均匀，整体波动较小。从全年的角度看，澳大利亚的综合股指涨幅为 20.92%。在十年期国债利率方面，澳大利亚的国债利率在年内

---

① 澳大利亚统计局提供了多种外债数据，我们以其净负债（Net Foregin Debt）资料为准。

出现较大幅度的下降，在9月初达到年内最低。虽然其国债利率在2019年第四季度出现一定的上升，但是整体的下降幅度高达40.04%，为91.5个基点。

在外汇储备方面，澳大利亚的外汇储备在年内呈现N形变化，其外汇储备在2019年7月出现年内最大幅度的下行调整，该单月变化使澳大利亚的外汇储备回到年初水平，但经过第四季度的外汇大幅回升，其年末外汇储备较年初提高31.81%。

在CPI指数方面，澳大利亚CPI指数的同比增幅在2019年虽然均有一定程度的扩大，但整体较为稳定。其第一季度的CPI指数同比增速为1.3%，在第四季度上扬至1.8%，整体依然处于良好状态。在房价指数方面，澳大利亚的房价指数处在上升态势。值得指出的是，澳大利亚的房价指数在前三个季度增长为负，特别是第一季度和第二季度的房价同比增长-7.4%，在第四季度恢复至2.5%。

澳大利亚的GDP环比在2019年依然维持着与往年相似的增速。而在外债方面，澳大利亚的外债规模在2019年前三个季度稳定增长，但是第四季度出现明显的下滑，第四季度的外债规模回落至第二季度水平。

十三、韩国金融安全指数分析

作为世界主要经济体之一，韩国拥有高度发达的混合经济体制。以名义国内生产总值作为衡量标准，韩国是亚洲第四大经济体、世界第十大经济体。韩国的经济发展极其迅速，仅在几代人的时间内就完成了从发展中国家至发达国家的转化，其经济发展被称作“汉江奇迹”，并使其进入经济合作与发展组织（Organization for Economic Cooperation and Development；OECD）和G20。

韩国的经济主要分为三大块，分别为服务业、工业和农业。其中，韩国在一些主要的全球产业中享有重要的甚至是主导地位，如核电、消费电子和生物技术，并旨在成为其他几个领域的主要参与者，包括智能电网技术、物联网和机器人。韩国的出口产品种类繁多，主要包括集成电路、机械、汽车及其零部件、塑料、有机化学等产品，其出口伙伴主要包括中国、美国、越南和日本等国家。由于韩国地缘关系，其国内物资相对匮乏，部分依赖进口，其进口产品主要包括矿物燃料、机械原材料、各类矿石等产品，主要的进口合作伙伴包括中国、美国、日本和德国等国家。

中国与韩国的经济发展具有一定的相互依存性，两国的金融安全指数在一定程度上存在较大的关联性。特别是在2018年，我们发现，中韩两国的金融安全水平具有较大的相似性。在汇率方面，韩国的汇率自第三季度起出现一定程度的贬值，在年末，韩国的货币贬值程度为5.13%。

在综合股指的表现上，韩国KOSPI指数在2018年出现较大幅度的跌幅，年末较年初的跌幅为17.69%。在利率的国债市场上，韩国的国债利率在上半年呈现震荡调整的状态，而在下半年则是不断地波动下行。在2018年年末，韩国的国债利率较年初下降91个基点，整体跌幅为19.41%。

在外汇储备方面，韩国的变化较为单一，其外汇储备在年内稳定上调，并未出现过大的波动。

在居民消费指数CPI方面，韩国的CPI指数整体处在相对较低的水平，其CPI在2018年整体处于1%～2%范围内。在房价指数方面，韩国在年内出现一定的涨幅，但是其房价指数涨幅全年大致控制在1.5%～3%范围内，并未出现房市过热的现象。

在国内生产总值GDP方面，韩国的整体变化和澳大利亚具有一定的相似度，其第二季度和第三季度的GDP差距较小，第一季度则是全年的GDP最低值的时间点。总体而言，韩国的GDP在2018年维持着较为稳定的增长幅度。

韩国的外债水平在2018年整体较为稳定，其第四季度的外债规模和第三季度大致处于同一水平，未发生显著的变化。

从图32可以看出，在2019年，韩元不仅在汇率上出现了较为明显的下降，而且韩国的汇率波动更频繁。韩国的汇率在上半年整体处于贬值的状态，并且其第二季度的贬值速度明显高于第一季度。在下半年，韩元的汇率则进入大幅震荡调整的阶段，其全年的贬值幅度达到3.34%。

韩国的股票综合指数在2019年虽然出现一定程度的上浮，但是韩国的

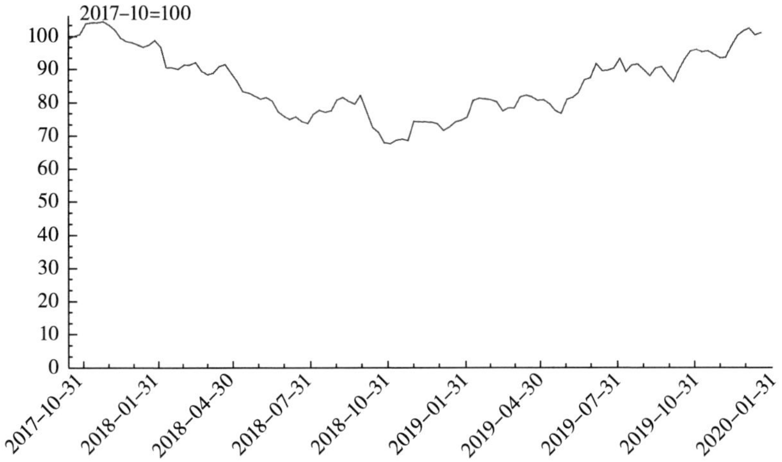

图 32 韩国金融安全指数走势

综合股指表现出更大的波动性。韩国的综合股指在上半年出现 M 形变化，而下半年出现 W 形变化，虽然整体处于上行阶段，但是波动幅度过大。在利率指标的国债表现上，韩国在第一季度中的国债利率整体相对稳定，未出现大幅的波动。自 5 月起，韩国的国债利率则出现了较大幅度的震荡调整。在年末，韩国的国债利率出现一定程度的下降，相较于年初下降了 7.9 个基点。

在外汇储备方面，韩国的外汇储备在 2019 年上半年出现一定程度的下降，在下半年出现一定程度的增加。从全年的角度看，韩国的外汇储备整体变化不大，年末较年初仅有 0.8% 的提升。

韩国的 CPI 指数在 2019 年长时间维持在 0 ~ 0.8% 水平，标志着韩国国内出现一定的通缩压力。需要特别指出的是，韩国的 CPI 指数在 2019 年 9 月末曾短暂出现较大负增长，为 -0.43%。在房价指数方面，韩国的房价出现较大程度的下降。值得一提的是，韩国的房价指数变化是从中等涨幅向零涨幅迈进的。

虽然韩国在 CPI 指标和房价指标上的表现相对较弱，但是其 GDP 依然维持着稳定的涨幅，其第四季度 GDP 较第一季度提升 11.91%，与往年相似。韩国的外债水平在 2019 年表现也较好，其增长速度相对稳定，且第二季度的外债增长高于同期水平。

由此可见，韩国在 2019 年主要面临的问题是经济的不稳定以及相对较严重的通缩压力，使其金融安全程度降低且上行缓慢。

十四、泰国金融安全指数分析

泰国作为新兴经济体，其经济主要依赖出口。以产业划分，其中小产业对泰国的 GDP 贡献程度最高，其次依序为制造业和服务行业。泰国的主要出口产品包括纺织产品、鞋、水产品、大米、橡胶等，主要出口伙伴包括中国、日本、美国、马来西亚和澳大利亚；其进口产品包括半制成品、原料、消费品和能源，其进口伙伴包括中国、日本、马来西亚和美国。

虽然泰国在国际上并不属于 G20 国家，但在东南亚国家联盟（简称东盟）中，泰国具有举足轻重的地位。以名义国内生产总值 GDP 排名，泰国在东盟中位居第二。随着中国的“一带一路”倡仪的提出，中国与泰国的经贸活动日益频繁。随着《区域全面经济伙伴关系协定》（*Regional Comprehensive Economic Partnership*，RCEP）在 2022 年正式生效，泰国与 RCEP 成员国间的经济贸易活动将更加频繁，其金融安全水平有望得到进一步加强。

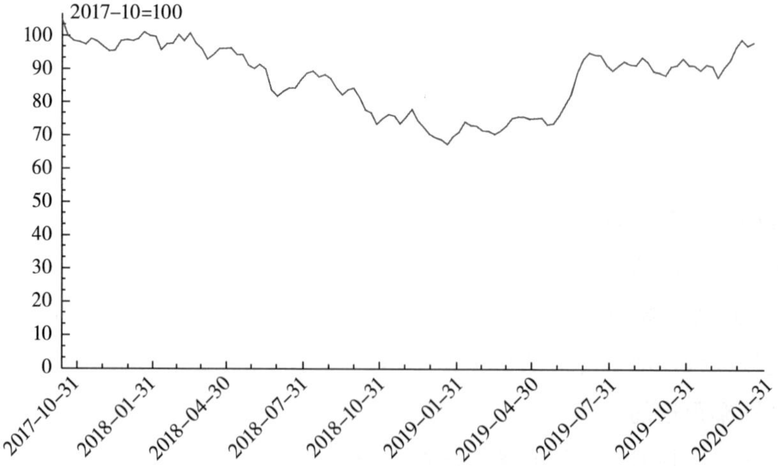

图 33　泰国金融安全指数走势

根据图 33 中的金融安全指数数值可见，在 2018 年，泰国的金融安全水平出现了一定程度的下行。从汇率的角度看，泰国的货币汇率虽然未出现明显的变化，但在年内的波动较大。在第一季度，泰铢的货币价值出现一定程度的升值，但在接下来的第二季度与第三季度，泰铢出现较大幅度的贬值。在第四季度泰铢的汇率有所提升，使其在年末时的价值相较年初水平变化不大。

从股票综合指数看，泰国 SET 指数不仅有一定程度的下降，且年内的波动幅度较大。从全年的角度看，其年末股指较年初跌幅为 12.1%。在利率指标的国债表现上，泰国的国债利率变化趋近于 M 形。泰国国债利率在 2018 年前三个季度呈上行状态，且在 5 月出现年内的第一次较大幅度的上涨，然而这一次的涨幅在 6 月停止。第二次快速上行，出现在 10 月末期，使其国债利率达到全年最高水平，较年初提升近 20% 约 40 个基点。而在 11 月与 12 月，泰国的国债利率出现大幅下降，且在年末几乎回到年初收益水平。

在外汇储备方面，泰国的外汇储备在 2018 年前三个季度中出现较大幅度的减持，仅在第四季度有所回升。纵观泰国外汇储备在全年的表现，整体依然是以下调为主。

在消费者物价指数 CPI 方面，泰国的 CPI 指标增幅变化则近似于倒 U 形，其 2018 年第一季度 CPI 指数在 0.4% ~0.8% 之间，国内呈现一定的通缩压力。然而从第二季度起，其通缩有较好的缓解，CPI 指标整体控制在 1% ~1.6%，仅在 12 月跌落至 0.4%。在房价指数方面，泰国的房价同比增长整体表现为震荡下行，在 2 月出现全年的最高同比增长值 8%。而在年末，其房价同比增长低于 4%。值得一提的是，泰国的房价增长程度整体处在较高水平。

在国内生产总值 GDP 方面，泰国的 GDP 增长有其独特的周期性，整体呈 U 形变化，且以第三季度 GDP 为全年最低。值得一提的是，泰国的 GDP 年内差异程度相对较低，即环比增长幅度相对缓慢。在外债方面，泰国整体的外债水平虽然是提高的状态，但其第二季度的外债水平有明显下滑。

在 2019 年，泰国的货币整体呈升值的状态。其中，泰铢的汇率在第二季度出现波动调整，而在其余季度，均出现大幅的升值。

从股票指标看，泰国的综合股指变化程度较大，其年内以1600点为基础发生多次的弹跳式调整，虽然在年中出现较大幅度上涨，但很快就下跌回1600点的水平。对比泰国年末综合股指水平和年初综合股指水平，两者之间差距不大。在利率的国债市场上，泰国的国债利率整体处于大幅下降的状态。泰国的国债利率在2019年1月至5月间呈稳定调整的态势，在6月至8月间出现大幅下滑，其国债利率相较年初下降91.5个基点。

泰国的外汇储备在2019年前五个月中整体呈震荡调整的表现，而从6月起，泰国开始稳定上调外汇储备量。

在CPI指数方面，泰国全年CPI指数同比增幅呈现N形变化，其第一季度CPI指数同比增幅逐月增加，但整体处于0.2%～1.2%，国内存在一定的通缩压力。在第二季度和第三季度，泰国的CPI同比增幅不断缩小，通缩压力加剧。虽然泰国第四季度的CPI指数有所提升，但其年末CPI同比增长仍然不足1%。可见，泰国在2019年整体有较大的通缩压力，但是在第二季度的通缩压力相对较小。而在房价指数方面，泰国的房价指数在前十个月内在3.5%左右变化，而年末两月则飙升至5.5%，其中11月房价指数同比增长较10月份高出1.7%。

泰国在2019年，不仅各季度GDP较2018年均有所提升，其外债规模也有所提高。

如图33所示，综合金融安全指数中各指标表现可以发现，泰国的金融指标在第二季度较好，因此其金融安全水平有一定程度的提高。而在下半年，泰国的各项金融指标相较其第二季度表现欠佳，导致其未能保持增长态势。

十五、印度金融安全指数分析

印度作为一个中等收入的发展中国家，其名义国内生产总值排世界第六位。作为全球发展最迅速的国家之一，印度不仅在近几年经济增速强劲，其庞大的年轻人口数量与低抚养比也确保其在未来将长期获得人口红利，并维持高速的经济发展。印度经济产业具有多元化的特征，其农业、制造业，以及服务业是三大支柱产业。虽然印度拥有世界第二大可耕地资源，但是其落后的生产方式以及冗杂的行政规定使其农产品的产量低下且不能顺利、流畅地进入市场。而印度制造业表现相对较好，纺织产业、生物技术、电子产业等行业在世界均拥有举足轻重的地位。印度的主要出口产品包括软件、石油产品、化工产品、农产品等，其主要出口合作伙伴包括美国、中国、阿拉伯联合酋长国等国家和中国香港等地区。印度虽然有较强的制造业，但是主要处于中低端水平。因此，印度的部分高端产品和原材料依然依赖进口，其主要进口产品包括原油、电子产品、化学原材料、煤炭等，其进口合作伙伴包括中国、德国、美国、沙特阿拉伯等国。

从图 33 中我们可以发现，印度的金融安全水平在 2018 年度波动性较大。从汇率的角度看，印度卢比的变化趋势相对单一。在前三个季度，印度卢比的价值持续走低，在 9 月末，美元兑卢比的汇率达到1∶72.55，较年初数值升高了 13.69%。在第四季度，印度卢比的价值出现一定程度的反弹，使其在年末时较年初贬值了 9.21%。

从股票综合指数看，印度的孟买敏感30 指数在年内变化相对频繁且幅度较大。从全年的角度看，印度的综合股指在年末时较年初上行 6.67%。在十年期国债这一指标上，印度的十年期国债利率整体呈倒 U 形变化，在 2018 年前三个季度中，印度的国债利率整体上行，但在 3 月和 4 月出现较大的波动；而在第四季度中，印度的国债利率大幅下行，其国债利率在年末时较年初变化不大。

在外汇储备方面，印度的外汇储备在 2018 年前三个季度中出现下降态势，而在第四季度出现一定程度的升高。从全年的角度看，印度的外汇储备在年末时较年初下降 6.34%。

在居民消费指数 CPI 方面，印度的 CPI 指数在年初为 5%，并在 2018 年前三个季度中持续高于 3%，显示国内出现一定的通胀压力。而在第四季度，印度的 CPI 指数出现较大幅度的下降，并在年末降至 2% 的水平，标志着其通胀压力得到较好缓解。在房价指数方面，印度的房价指数同比增长幅度虽然整体出现缩小降低的趋势，但是其上半年的房价增长水平较高，特别是在 5 月末，曾短暂地上升至 8.98%。自 6 月起，印度的房价指数出现较快的下降，使其在年末降至 5.32%。

在国内生产总值方面，印度具有一定的周期性特征。印度的 GDP 在 2018 年第二季度为全年最低点，而在第一季度为全年最高点。对比其往年的数据，印度的 GDP 在 2018 年维持着较为稳定的增长速度。

在外债方面，印度的外债规模在年内的变化呈 U 形，值得指出的是，印度的外债在 2018 年第二季度和第三季度的下滑情况较为严重。虽然印度第四季度的外债规模有所回升，但是全年整体外债规模下降 1.53%。

印度卢比的汇率在 2019 年的变化较大，其汇率在上半年整体处于大幅震荡并升值的状态。在 8 月，印度卢比的价值在单月出现了大幅的下跌，随后进入大幅震荡调整期。

从股票综合指数看，印度的综合股指在年内虽然出现了较大的波动，但是整体呈现 N 形变化。在 2019 年前两个季度中，印度的综合股指波动较大且频繁，但整体处于上行的状态。在第三季度，印度的综合股指出现较大幅度的下行并一度回落至第一季度的最高值。经过震荡调整，印度的综合股指在第四季度重新出现大幅上涨，在年末，其股指收益较年初提升 13.79%。在利率指标的国债表现上，印度的国债利率在 2019 年第一季度变化不大，整体处于震荡调整的阶段。在第二季度和第三季度，印度的国债利率有较大幅度的下降，其利率一度从年初的 7.42% 降至 6.34%。在第四季度，其国债利率再次进入震荡调整期，并出现一定程度的上浮。在年末，印度的国债利率较年初下降 86.4 个基点。

在外汇储备方面，印度的外汇储备在 2019 年出现长期且稳定的增长，仅在第三季度增幅相对缓慢。在年末，印度的外汇储备较年初提高 14.91%。

在 CPI 指数方面，印度的 CPI 指数同比增幅变化幅度较大。在 2019 年 1 月末，印度的 CPI 指数仅为 0.80%，而在 2 月末上升至 2.57%。此后，印度的 CPI 指数在 3% 左右波动。直至 9 月末期，印度的 CPI 指数突然升至 3.99% 并开始快速上行，在 12 月末期，进一步提高到了 7.35%。由此可见，印度政府在年内的通胀压力较大，物价不够稳定。在房价市场中，印度的房价指数不断下降，从年初的 5.2% 降至年末的 4.3%，但是整体的增幅依然处于较高的水平，说明印度的房地产市场在 2019 年依然存在一定的过热问题。

在 GDP 方面，虽然印度 GDP 较往期依然处于正增长态势，但是其整体的增速低于往年同期水平。而在外债方面，印度的外债规模在年内有较为稳定的增长，且 2019 年第二季度的增长速度高于全年平均水平。

根据印度的金融安全指数中各项金融指标（如图 34 所示），我们可以发现，印度的多数指标在年内表现并不稳定，同时在下半年，其国内出现较大的通胀压力。

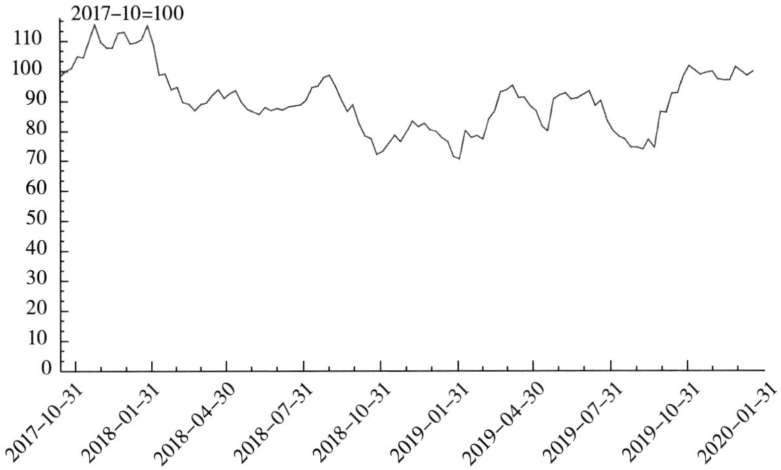

图 34　印度金融安全指数走势

第三节　2020 年新冠肺炎疫情以来指数的综合结果

国别金融安全指数处于动态变化之中，随着时间的推移，实时更新。由于新冠肺炎疫情是一次重大的冲击，为了分析该冲击下的金融安全指数变化情况，本部分重点展示了 2020 年新冠肺炎疫情以来的指数结果。

从图 35 中可以看出，由于受到新冠肺炎疫情的冲击，各国的金融安全程度自 2020 年以来整体呈现先轻度上升后下降的趋势。按照安全程度的绝对程度看，发达经济体较高，新兴经济体较发达经济体低。15 国中，最低值为土耳其和俄罗斯，尤其是 2022 年 2 月以来，俄罗斯创出新低。同时值得一提的是，在全球市场出现流动性危机的 2020 年第一季度，新冠肺炎疫情导致全球金融恐慌时，绝大部分国家的安全程度降低，但是美国的金融安全程度几乎不受影响，反而在一定程度上有所提升。

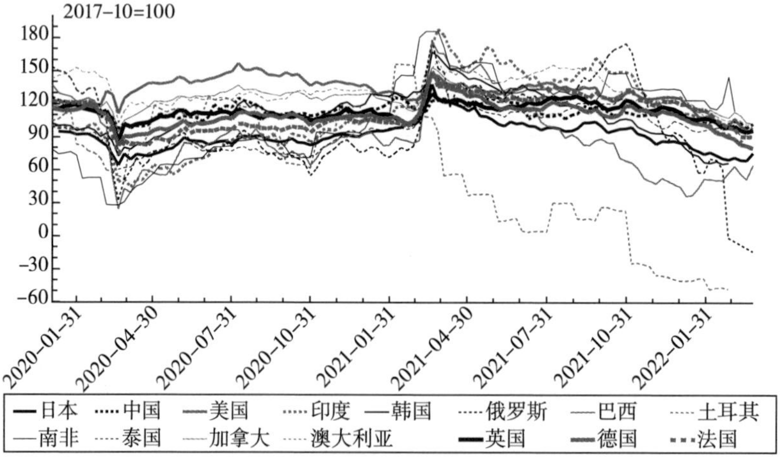

图 35　2020 年新冠肺炎疫情以来各国金融安全指数变化

第四节　2020 年新冠肺炎疫情以来中国金融安全高频监测

从图 36 可以看出，中国的金融安全程度较高，且波动幅度较小。相比于其他经济体，更加稳健，指数几乎始终在 100 以上。

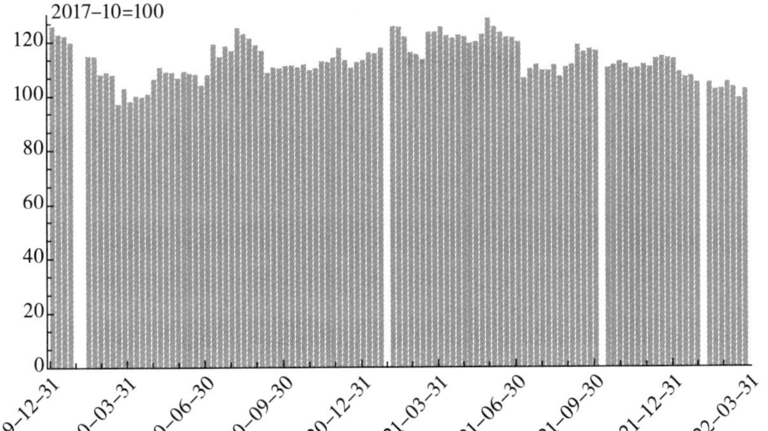

图 36　中国 2020 年以来金融安全高频监测

第五节　2020 年新冠肺炎疫情以来各国金融安全指数分析

一、中国金融安全指数分析

随着新冠肺炎疫情在国内的暴发，为了遏制新冠肺炎疫情的进一步扩散，中国不得不采取封城防疫方式直至 2020 年第一季度末。虽然这一举措在短期内对经济的发展造成了限制，金融安全指数曾在一段时间里有所下降，但是也为全年的经济发展提供了良好的基础。2020 年新冠肺炎疫情以来中国的金融安全指数走势如图 37 所示。

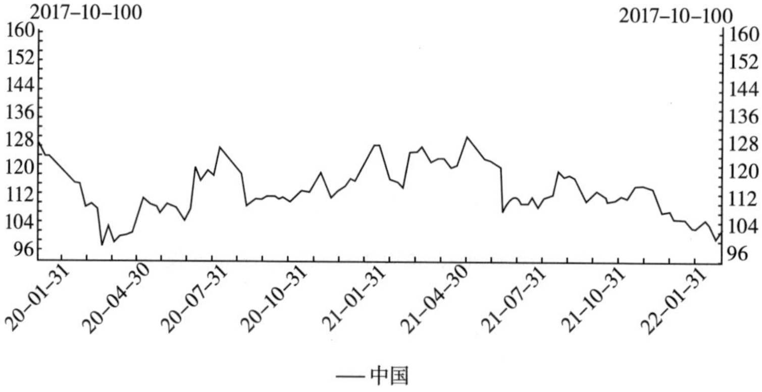

图 37　中国金融安全指数走势

从汇率的角度进行分析，人民币在 2020 年上半年出现了一定程度的贬值，美元兑人民币汇率在年初为 1∶6.96，并在 5 月末达到 1∶7.16。随着新冠肺炎疫情在国内得到有效控制，中国的汇率开始稳定回升，并在下半年开始发力进入升值的阶段，在年末，人民币价值较年初上升 6.03%。

从股票综合指数看，受新冠肺炎疫情的全球蔓延的影响，中国的综合股指在 2020 年第一季度出现了一定的下滑。在 3 月末期，中国的综合股指较年初下降 13.78%。自 4 月起，中国的综合股指出现较大幅度的反弹，并在年末上浮至 3400 点水平，较年初上涨 12.57%。在利率指标的国债表现上，中国的国债利率呈 U 形变化，在 2020 年 5 月初期达到全年最低收益。在年末，中国的国债利率与年初的国债利率相对持平。

在外汇储备方面，中国的外汇储备在 2020 年第一季度有所下降，然而自第二季度起，中国的外汇储备不断上升。

中国 CPI 指数的同比增幅在 2020 年内稳定缩小，虽然在 2020 年年初国内出现一定的通胀压力，但在年末则转为通缩的状态。在房价指数方面，中国的房价指数在 2020 年出现一定的下降，并在 5 月末下行至 2.2% 水平线。从全年的角度看，中国的房价增长整体控制在一个较好的范围内。

尽管中国的 GDP 水平在 2020 年第一季度受新冠肺炎疫情影响，同比增长为负，但是随着新冠肺炎疫情在国内得到有效控制，在全国复工复产之后，GDP 依然维持着较高的增长水平。在外债方面，中国依然保持着稳定的上浮速度。

随着新冠疫苗的问世与普及，新冠肺炎疫情在 2021 年初期开始得到一定程度的控制。在汇率方面，人民币的购买力在年末时较年初有较小幅度的上涨，但是全年整体处在震荡调整的状态中。

从股票综合指数看，中国的综合股指表现为震荡调整且幅度较大，其年末较年初上扬 3.9%。在利率指标的国债表现上，中国的国债利率在 2021 年年内稳步下行，在年末时较年初下降 41.1 个基点。

在外汇储备方面，中国仅在 2021 年第一季度出现一定程度的下调，在接下来的三个季度均出现稳步的上升。

中国的 CPI 指数变化在 2021 年表现较好，这有利于金融安全水平有较高的指数值。虽然中国在第一季度出现一定程度的通缩，但是从第二季度起中国的 CPI 指数便处在 1% ~3%，标志着通缩压力的解除。在房价指数方面，中国的房价指数整体呈倒 U 形变化，且整体涨幅处在合理水平。

中国的 GDP 和外债规模在 2021 年保持着与往年相似的涨幅，需要指出的是，中国的 GDP 增长已经远超新冠肺炎疫情前的水平。

二、美国金融安全指数分析

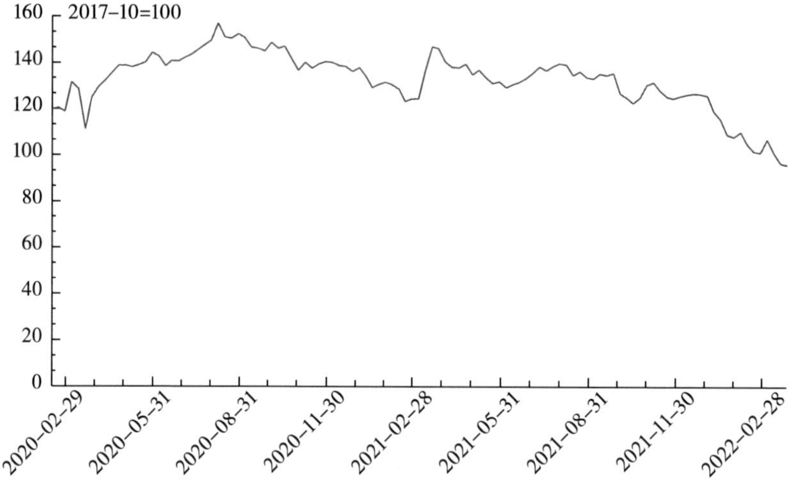

图 38　美国金融安全指数走势

2020 年年初，中美正式签署第一阶段贸易协定，中美双方在第一阶段协议文本针对知识产权、技术转让达成初步共识。对于美方而言，该协议的签订是一个较好的消息，因为其金融安全指数得到了一定的提升。

随着新冠肺炎疫情在 2020 年 2 月末暴发，美国各行各业都受到了显著的影响。特别是在 3 月份，美国的股票市场受到了巨大的冲击。为了减缓股票市场的压力，美联储于在 2020 年 3 月初紧急降息 0.5%。2020 年 3 月 9 日，美股综合指数出现熔断，距离上次发生同类事件已有 23 年之久。在一系列的金融举措下，以特朗普签署 2 兆亿美元的经济刺激方案为转折点，美国的金融秩序得以稳定，整体金融安全指数得到快速回升。随着新冠肺炎疫情在美国的进一步扩散，大量公司不得不采取自救措施：员工需远程办公，公司不得不大量裁员并停止雇佣，这些行为使美国整体经济增长放缓，失业率不断上升。由于新冠肺炎疫情的限制，与民生相关的行业受到人力上的缺乏以及运输上的阻滞，从而导致了物价的上涨，促使美联储在

8月不得不修改其通胀目标。同时，美国的房屋价格指数从7月开始出现大幅上涨，原先稳定的房价涨幅增加，增大了该指数的波动性。这些原因导致美国的经济秩序在下半年欠佳，金融安全指数下降直至2021年年初水平。

从汇率角度分析，随着新冠肺炎疫情在全球的蔓延，美元因为具有避险货币的属性，其价值在第一季度末和第二季度初出现上浮，在4月初达到全年最高水平。然而随着新冠肺炎疫情在美国本土的恶化，美元的价值进入下行阶段。

同样，美国的综合股指的走势受到新冠肺炎疫情的影响明显。而美国的股票市场受新冠肺炎疫情影响较为严重，2020年3月美股共出现4次熔断，其综合股指的跌幅在3月中旬从最高点接近下跌50%。虽然在一系列的经济政策刺激下，美国的综合股指在下半年呈快速上涨趋势，但其全年整体涨幅不及2018年或2019年水平。在利率指标的国债表现上，美国国债利率持续下降并在3月初达到全年最低水平。

在CPI指数方面，美国仅在年初出现下降并在5月末达到全年最低点。随着新冠肺炎疫情的扩散，美国CPI指数开始上升，由最低的0.1%上升至1.4%。虽然美国CPI指数有所上升，但是全年并未超过3%水平。在房价综合指数上，美国的房价同比增长明显，在年初仅为3.13%，而在年末已高达10.17%。

在GDP方面，美国GDP增长在第二季度出现明显下降，且仅第一季度GDP同比上升，其余三个季度均处于下降状态。

进入2021年后，美元价值整体处于上升状态。在股指综合指数方面，美国综合股指持续上涨，年增长幅度为28.79%，高于2019年增长水平。在十年期国债利率方面，美国也处于上升状态。

CPI指数在2021年呈现持续上涨趋势，年初的CPI指数同比增长1.4%，而在年末这一指标已升高至7.0%，这一指标已经创下了美国近40年新高。不仅如此，房价指数也从年初的同比增长11.21%上涨至18.56%。

通过图36、图38可以看出，在新冠肺炎疫情的初期阶段，中国的金融安全水平下降更剧烈、跌幅持续的时间更久。美国金融安全指数值虽然在短时间内出现了快速的下跌，但随着其金融政策的发力，其安全指数值大幅攀升。随着新冠肺炎疫情在全球范围的扩散，即使其新冠肺炎疫情严重程度胜过中国，但其金融安全指数值也维持在高位。金融安全指数的波动曲线，不仅说明新冠肺炎疫情冲击对金融安全存在影响，也深刻反映了美国作为避险经济体的根本特征。随着新冠肺炎疫情对金融秩序的影响逐步减弱，中美两国的金融安全指数值开始逐步靠拢。

三、日本金融安全指数分析

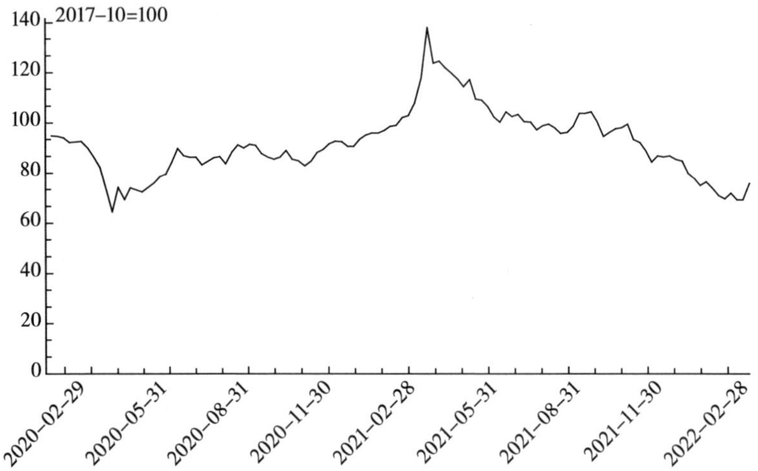

图 39　日本金融安全指数走势

在同样面临新冠肺炎疫情冲击时，日本的金融安全程度也在增加。这也反映了日本作为全球少数的避险经济体，具有安全归属的避险属性。随着冲击的减弱，日本的金融安全程度回到略低水平，但安全的波动程度较大。

2020 年受新冠肺炎疫情影响，日本各行各业均受到了大幅度的影响，旅游业和服务业尤为严重，原定于在 2020 年举办的夏季奥运会也因新冠肺炎疫情的原因被推迟到 2021 年。出于对新冠肺炎疫情的防控，日本并未在奥运期间开放游客入境。

从图 39 中可以看出，在全球避险的大环境下，日本的金融安全程度有所提升。在 2020 年，日本的汇率出现大幅升值且年内的波动较小。仅在 3 月受全球新冠肺炎疫情影响，日本出现了大幅度的短期升值与贬值，在其余月份，均稳定升值，充分体现了日元作为避险货币的避险性质。

从股票综合指数看，日本的综合股指在 2020 年年末涨幅较高且整体稳定。从第二季度起，日本的综合股指开始稳定上扬，并在 11 月出现较大的增幅。

在利率指标的国债表现上，日本的国债利率表现较为稳定。日本的国债利率仅在 3 月受新冠肺炎疫情影响时，出现较大幅度变化。除此以外，日本的国债利率整体稳定且波动不大。与 2019 年相比，日本的国债利率从负数回到正数。

日本的外汇储备在 2020 年年末相较年初均出现较大幅度的上升，并在 7 月末达到上涨的最高值。但在年末阶段，日本的外汇储备处于震荡调整状态。

CPI 指数对各国金融安全指数值有重要的影响，日本的 CPI 指数在 2020 年出现较强的通缩压力。日本 CPI 指数仅在 2020 年第一季度维持在 0.5% 的水平，其第二季度和第三季度则是维持在 0% 的水平线上下。在第四季度，日本的 CPI 同比增长为负，并在 12 月末达到 -1.2%，标志着日本国内仍然处于较大的通缩状态。相比之下，日本的房价指数出现了升高的趋势。在 2020 年年初，日本的房价同比增长接近 -2%，而在年末，该指数则提升至 3.14%。由此可以看出，在新冠肺炎疫情影响下的日本，部分资金流入房地产市场。

日本的 GDP 在 2020 年保持增长，但相较 2019 年整体 GDP 水平有所下降，且 2020 年第二季度的 GDP 下降尤其严重，同比下降 10.13%。在外债方面，日本第四季度外债规模较第一季度下降 2.91%。

金融安全指数中的汇率、股票市场以及十年期国债指标显示，日本在下半年的发展更加稳健，凸显其在避险方面的优势。

在 2021 年，日元价值并未保持其在 2020 年的强劲表现，反而一路走弱，其年末汇率水平较年初下滑 11.56%。

从股票综合指数看，日本的综合股指失去了其以往平稳的特征，在年内出现较大的震荡调整。在利率指标的国债表现上也是如此，日本的国债利率在年末相较年初有略微的提升，但是年内波动幅度较大，其国债利率虽在第一季度与第三季度出现过两次较强的上涨，但均在随后的季度中出现了大幅的下跌。

日本的外汇储备在2021年前三个季度均处于震荡调整态势，且在8月出现较大幅度的提升。在第四季度，日本的外汇储备则维持在相对稳定不变的水平。

日本的CPI指数在2021年出现一定程度的好转。在2021年8月之前，CPI指数同比增速均为负数，仅在后四个月中呈现正增长。整体而言，日本国内的通缩压力有缓解趋势，但是并未完全解决。在房价指数方面，日本的房价指数则出现了攀升的情况，其房价同比增长在2月末为全年最低，为3.06%，而在7月末期，其房价同比增长已提高至9.12%。

日本整体的GDP水平在2021年增长缓慢，且未回到新冠肺炎疫情前水准。在外债方面，日本的外债规模在年末较年初有所提升，其增长曲线体现出凸函数的特征。

相较之下，中国的整体金融安全指数在2021年高于日本，特别是在下半年，自第一季度起摆脱了通缩的压力，且房价维持在相对合理的增长范围；而日本在2021年中依然有较高的通缩压力。不仅如此，其股票市场与国债市场均失去了以往的稳定表现，出现较大的波动。这些原因，促使日本的整体金融安全水平在年末出现较大的下滑。

四、土耳其金融安全指数分析

在2020年，土耳其的金融安全指数出现较大的波动，受新冠肺炎疫情影响，其金融安全指数值在年初出现较大程度的下滑。但是在第二季度，土耳其的金融安全水平一度回到和中国相似的水平。从汇率的角度看，土耳其里拉的贬值幅度较大，其全年的贬值幅度高达23.57%。可以发现，土耳其汇率自3月起出现较大幅度的贬值并持续至5月，说明其受新冠肺炎疫情影响较大，货币整体不稳定。土耳其虽然为G20成员，但其余成员的货币在经历过短期的大幅贬值之后，在下半年均出现一定程度的回升，而土耳其是唯一一个出现持续货币贬值的国家。

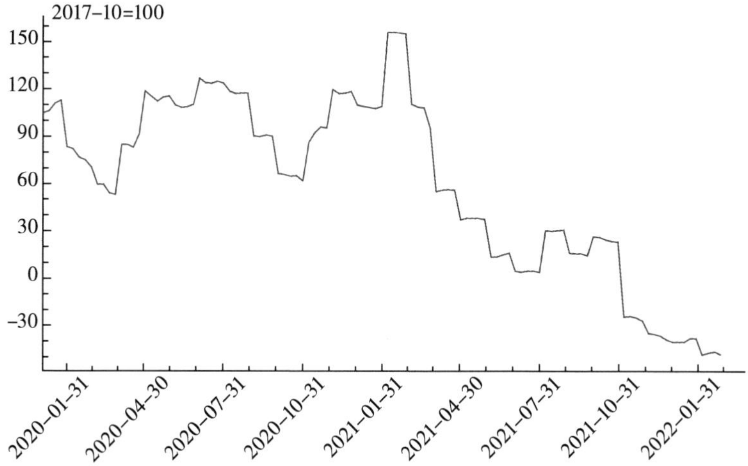

图 40 土耳其金融安全指数走势

相较于其货币币值的疲软，土耳其的综合股指在 2020 年年内表现较好。虽然土耳其综合股指在 3 月受新冠肺炎疫情影响，出现了较大幅度的下跌，但是在随后时间里，出现了较大程度的反弹。在年末，土耳其 ISE National - 100 指数较年初涨幅为 28.97%。中国的股指在 2020 年也出现一定程度的上涨，但是其涨幅主要出现在第二季度和第三季度。在利率指标的国债表现上，土耳其的国债利率在年末时较年初提高 60 个基点，但是年内的波动巨大。

土耳其的外汇储备在 2020 年出现较大幅度的下滑，虽然其在第四季度出现一定程度的回升，但是回升幅度不大。在年末，土耳其的外汇储备较年初下降了 33.24%

在 CPI 指数方面，土耳其一直处于高度通胀的状态。特别是在第四季度，土耳其的 CPI 由 9 月末期的 11.75% 升至 12 月末期的 14.6%。在房价指数方面，土耳其的房价同样进入了高速增长状态。年初，土耳其的房价同比增长幅度为 12.36%，而在年末已攀升至 30.39%。

受新冠肺炎疫情影响，土耳其 2020 年第二季度的 GDP 出现一定程度的下滑，但是其同比增长为正。在第四季度，土耳其的 GDP 较第一季度增长 42.28%，其 GDP 增速在第四季度恢复至新冠肺炎疫情前的增长速度。

同时。土耳其的外债摆脱了连续两年下降的态势，自第三季度起，其外债规模不降反升，并在年内实现了增长，外债规模增长4.97%，这是自2017年基期以来土耳其外债第一次在年内实现正增长。

由此可见，土耳其虽然在年初受新冠肺炎疫情影响较大，但是其不断推出的财税、金融和产业政策，一定程度上促进了经济的复苏。

从汇率的角度看，土耳其里拉在2021年年内一直处于贬值的状态，特别是在11月和12月，贬值情况尤为严重。在年初，美元兑里拉的汇率为1:7.42，而在年末则变为1:12.98。其全年货币贬值幅度高达74.93%，远超其在2018年受到货币和债务危机时的贬值水平。

从股票综合指数看，虽然土耳其的综合股指在2021年年内实现了26.22%的涨幅，但是并不意味着其股票市场的表现稳健。即便不考虑汇率对股票市场的影响，其综合股指在12月出现两次闪崩。特别是在12月21日，土耳其ISE National -100指数在开盘时为2077.72点，而在闭盘时跌至1892.02点，日跌幅高达8.91%，意味着其股票市场较为脆弱。在利率指标的国债表现上，土耳其的国债利率整体处于不断上升的状态。土耳其在年初的国债利率为12.63%，在年末则提升至23.05%，整体涨幅高达82.50%。特别需要指出的是，土耳其的国债利率在2021年3月出现跳跃式增长，日间变化高达4%，说明国家信用水平大幅降低。

土耳其的外汇储备自第二季度起出现较大变化。在2021年年末，土耳其的外汇储备较年初提高35.86%。

土耳其的通胀程度在2021年内出现进一步的恶化，在年初，土耳其的CPI指数同比增长为15%的水平，而在11月末，则升至20%的水平。不仅如此，土耳其的CPI指数在12月末更是高达36.08%的水平，这是自2017年基期以来的最高值。土耳其的房价指数也是一路飙升，在年初，同比增长为30.44%，在年末则升至59.59%。

在土耳其里拉大幅贬值的背景下，土耳其的名义GDP虽然出现了大幅的增长，但是已不具备与以往数据的可比性。

由此可见，土耳其在2021年度，遭遇的挑战高于其2018年的水平。土耳其此次金融水平的下降，不仅折射出其短期内的金融安全不稳定，从未来长远的角度看，其金融安全指数仍将面临严峻的挑战。参见图 40。

五、俄罗斯金融安全指数分析

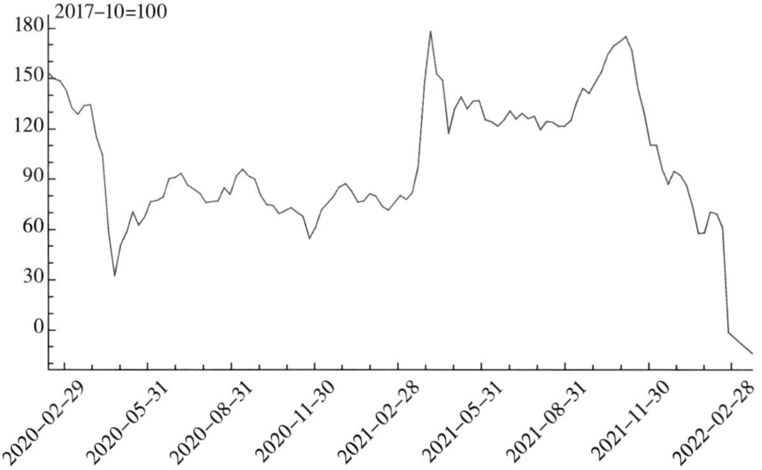

图 41　俄罗斯金融安全指数走势

在汇率方面，俄罗斯卢布的价值在 2020 年全年均为走弱的状态。与此对应，美元兑俄罗斯卢布的汇率在 3 月中旬出现大幅的贬值，相较年初，其贬值幅度达到了 31. 11%。虽然其汇率在年末得到了一定回升，但是相较年初依然产生了 19. 33% 的贬值。

俄罗斯不仅在 2020 年 3 月发生大规模的货币贬值，其综合股指也出现了大幅变化。相较年初水平，俄罗斯 RTS 指数在 2020 年 3 月中旬的跌幅从高点达到了接近 50% 的水平。虽然在经历过闪崩之后，俄罗斯的综合股指在下半年出现回升，但也未能回到年初的水平。在利率指标的国债表现上，俄罗斯的国债利率受国际市场的影响明显，虽然其十年期国债利率全年整体变化不大，但在 3 月初期出现大幅上行，而在 5 月初则跌回了年初水平。

在外汇储备方面，俄罗斯的外汇储备则呈现“两段式”变化。在 2020 年上半年，俄罗斯的外汇储备规模变化不大，处于小幅调整的状态，但在 7 月其外汇储备大幅增加，并在下半年进入新的震荡调整期。

俄罗斯的 CPI 指数在全年则稳定增长，受益于其 2019 年的经济形势，其2020年第一季度的CPI指数控制在了3%以内。而自第二季度起，俄罗斯的CPI指数再次回到3%以上，国内再次面临高通胀的压力。在房价指数方面，俄罗斯的房价指数在2020年出现爆发式增长，在2019年第四季度，俄罗斯的房价指数同比增长仅为3.60%，而在2020年第一季度就飙升至17.79%，并在年末进一步达到了23.33%。虽然其年内的变化幅度不大，但是其房价涨幅却是从稳定水平跃迁至较高水平。

受新冠肺炎疫情影响，俄罗斯的GDP水平在2020年第一季度出现了相对较大幅度的下降。在随后三个季度中，俄罗斯的GDP虽然有所提升，但是其第四季度的GDP水平未回到新冠肺炎疫情前水平。

在外债方面，俄罗斯则是出现了较大幅度的变化，虽然其第二季度的外债规模有大幅的上升，但是很快就在第三季度出现了回落。

综合各项指数的影响，从图39中我们可以发现俄罗斯的各项金融指标在2020年出现较大变化，特别是其汇率、股指和房价指数方面出现大幅变化，其金融安全指数数值在第一季度出现显著降低。

随着新冠疫苗的问世与普及，新冠肺炎疫情在2021年度初期开始得到一定程度的控制，俄罗斯的经济情况也随全球经济小幅回暖得到了一定程度的提升。在汇率方面，俄罗斯卢布的汇率虽然呈震荡调整的态势，但是整体变化幅度较小。

从股票综合指数看，俄罗斯的股票市场在2021年11月之前处于稳定上涨的状态，其综合股指在10月末较年初涨幅为29.41%。然而从11月起，俄罗斯的综合股指开始出现大幅下跌，在年末，全年涨幅缩减为12.00%。俄罗斯的十年期国债利率在年内也有所提高，其2021年第一季度的国债利率呈现稳定上行的状态，第二季度和第三季度为稳定调整阶段，第四季度起再次进入上行，特别是从11月起，其国债利率上行幅度明显加大。

俄罗斯的外汇储备在2021年第一季度出现轻微的下滑，而自第二季度起外汇储备开始逐步增加。值得一提的是，俄罗斯的外汇储备自下半年起出现一定的回落性变化，上次出现同类变化可以追溯至2019年。

俄罗斯在CPI指数上表现欠佳，其国内的通胀压力在2021年并没有得到缓解，反而逐渐严重。2021 年年初，俄罗斯 CPI 指数为 5.2%，而在年末升高至 8.39%。在房价指数方面，俄罗斯的房价指数在 2021 年第一季度较 2020 年第四季度有一定的下降，但也维持在一个偏高的增长水平，为 16.33%。与中国不同的是，俄罗斯的房价指数在年内并没有下降，而是稳步上升。

俄罗斯的 GDP 在 2021 年保持着稳定的增速。需要指出的是，虽然俄罗斯的 GDP 增速恢复到了往期水平，但是其 GDP 水平仅与 2019 年大致相似，标志着其国内生产水平仅回归到新冠肺炎疫情前水平。

在外债方面，俄罗斯的外债规模虽然在 2021 年前三个季度中稳定上涨，但是在第四季度出现明显的下滑。

综合中俄两国金融安全指数中各指标在 2021 年的表现，我们可以发现，俄罗斯的经济水平较 2020 年出现更多的波动，特别是其国内的高膨胀与高房价，直接影响到其金融安全指数值。参见图 41。

六、巴西金融安全指数分析

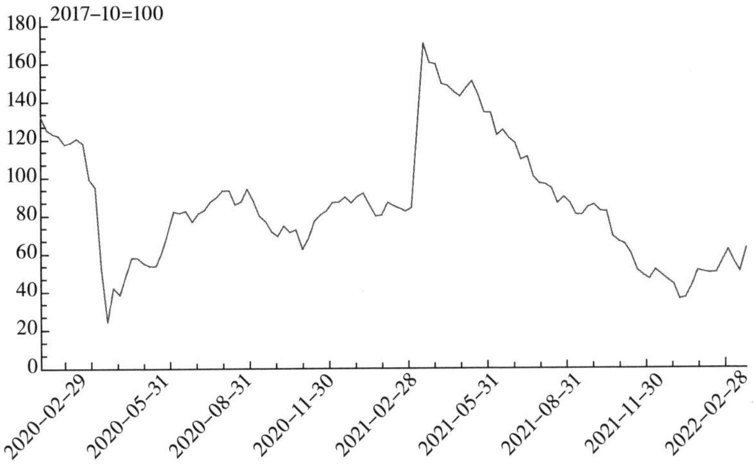

图 42 巴西金融安全指数走势

2020 年，新冠肺炎疫情在全球蔓延，巴西成为全球新冠肺炎疫情最严重的国家之一。新冠肺炎疫情给巴西经济带来较大负面影响，2020 年全年其经济降幅超过 4%，旅游、航空、餐饮等行业受到的影响更大。为应对新冠肺炎疫情影响，巴西政府推出紧急救济措施，为低收入阶层发放补助，并出台增加信贷、推迟纳税、调整用工制度规定等措施帮助企业渡过难关。受新冠肺炎疫情和经济形势等因素影响，税制改革、私有化等本届政府优先重点工作推进缓慢。

由于新冠肺炎疫情期间私有化计划和基础设施特许经营权被搁置，2020年巴西外国直接投资降至330亿美元。受新冠肺炎疫情影响最严重的行业是交通运输和金融服务业，外资流入分别下降了85%和70%以上，油气开采和汽车业的投资初步估计均下降了65%。巴西人口众多，人口总数为世界第六位，在经济繁荣时期可以提供低廉的劳动力促进经济发展，但是在经济衰退时期就会进一步产生失业率升高等问题。2020年巴西年均失业率为13.5%，为2012年有记录以来的最高值，约相当于1340万失业人口。

巴西的金融安全指数值在2020年年初出现较大的下降，首先是其汇率在1月至5月出现了大幅度的贬值，与年初水平相比，巴西雷亚尔的贬值最高达到了50%。在2020年下半年内，雷亚尔的汇率得到了一定的回升，但是其全年的贬值幅度依然高达29.35%。

从股票综合指数看，受新冠肺炎疫情全球蔓延的影响，巴西的综合股指在2020年第一季度出现了较大的下滑，在3月末期，巴西的综合股指较年初水平下降了46.39%。自4月起，巴西的综合股指出现较大幅度的反弹，在年末较年初上涨0.37%。在利率指标的国债表现上，巴西的国债利率在年末和年初的差距不大，但年内变化幅度较大。巴西的国债利率在上半年呈M形变化，且在3月上升幅度最大。在下半年中，巴西的国债利率则呈现震荡上升的态势。

在外汇储备方面，巴西的外汇储备在2020年3月内出现大幅度下降，虽然自5月起其外汇储备呈现逐月增加的趋势，但也未达到年初的外汇储备水平。

巴西的CPI指数增幅在年内呈U形变化，在2020年第二季度和第三季度，其CPI指数处于2%~3%，但是在第一季度和第四季度，巴西国内依然存在一定的通胀压力。在房价指数方面，巴西的房价在年内出现了较大的变化，虽然其上半年房价同比增长较稳定，但是在下半年，房价指数出现大幅上涨。在年初，巴西的房价同比增长仅为4%，而在年末就攀升至10%。

新冠肺炎疫情给巴西2020年的GDP增长带来了明显的冲击，其GDP不仅在第二季度出现大幅的下滑，且自2017年基期以来GDP额所表现出的回暖变化在2020年也被破坏。在外债规模上，巴西的表现也欠佳，其外债规模在2020年第二季度出现较大幅度的下滑，且在第三季度和第四季度增长不明显。

在2020年，对于巴西而言，其金融安全的压力主要来自汇率的大幅变化，其金融安全指数值出现大幅下滑。随着其汇率在下半年逐渐趋稳，其金融安全指数值也出现了一定的回升。

在2021年，雷亚尔的汇率呈N形变化，尽管其价值在3月至6月出现一定程度的提升，但是其全年整体依然呈贬值的趋势，巴西雷亚尔在年末的价值较年初下降8.14%。

从股票综合指数看，巴西的综合股指呈倒N形变化，仅在其货币升值的同一阶段综合股指出现一定程度的回调，并在2021年6月末期略高于年初水平。自下半年起，巴西的综合股指便呈现持续的跌势，其年末较年初水平下跌11.81%。在利率指标的国债表现上，巴西的国债利率出现大幅上涨。在年末，巴西的国债利率较年初上升343个基点。

在外汇储备方面，巴西的外汇储备在2021年9月出现大幅增长，但除此以外，其在各月度之间变化不大。

自2018年起，巴西国内就经常遭受通胀压力。受新冠肺炎疫情的影响，其通胀压力在2021年年中进一步扩大。巴西CPI指数的同比增幅在年内不断扩大，需要强调的是，巴西的CPI指数在年末同比增幅已高达10.06%。伴随着高通胀压力，巴西的房屋价格指数变化也不容乐观。虽然巴西的房价同比增幅整体呈倒U形变化，但是巴西1月房价同比增长高达12.01%，年末则进一步升高至18.65%。值得一提的是，其房价增长峰值出现在9月末期，为22.06%。

巴西的GDP在2021年恢复了其原有的回暖性变化，说明其经济生产秩序在2021年内得到了一定的恢复。但是巴西整体GDP水平并未出现明显提升，仅回到了新冠肺炎疫情前水平。巴西的外债规模在2021年年中虽然也有一定的提升，但是并未能回归到其2019年的水平。

由此可见，新冠肺炎疫情对巴西的影响并未在2021年得到缓解。虽然其金融安全指数数值在年初有一定的提升，但是其自身的金融应对能力较差，往往是得益于全球经济的小幅回暖。参见图42。

七、南非金融安全指数分析

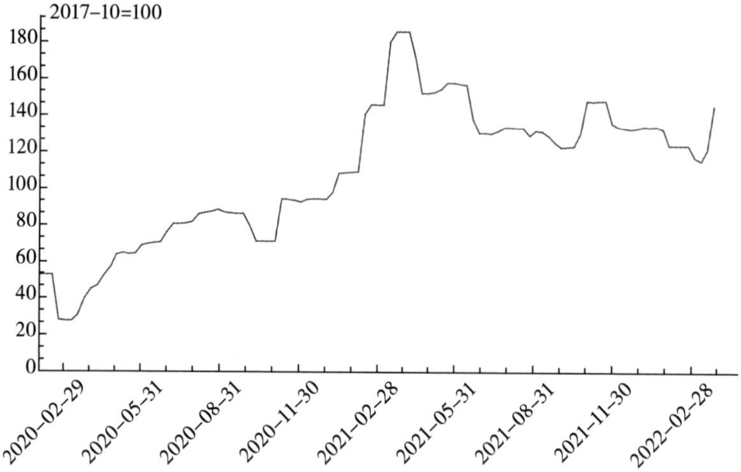

图43　南非金融安全指数走势

受新冠肺炎疫情影响，南非的金融安全水平在2020年年初出现较大程度的跌幅，虽然自第二季度起南非的金融安全水平有所提升，但整体还是低于中国的金融安全水平。在汇率方面，南非兰特的汇率在3月出现大幅度贬值，相较年初汇率，其最大贬值幅度一度达到35.72%。虽然兰特的汇率自4月起出现持续的升值，但是并未回到年初水平。

从股票综合指数看，南非的综合股指整体呈W形变化，其股指在2020年第一季度和第三季度出现大幅度的下滑，在第二季度和第四季度则出现一定程度的回升。值得一提的是，尽管南非的综合股指变化幅度较大，其年末较年初仍有5.94%的提高。在十年期国债方面，南非的国债利率在年内的变化主要出现在2020年3月至5月这个阶段。受新冠肺炎疫情影响，南非在3月的国债利率大幅升高，国家信用程度下降。随着新冠肺炎疫情对市场的冲击减弱，南非的国债利率也逐步回调至年初水平。值得一提的是，南非的国债利率在年末时较年初下降 27.5 个基点。

在外汇储备方面，南非的外汇储备除了在 7 月出现一次较大幅度的提升，在其余月份则是更接近于震荡调整的阶段。其外汇储备在年末较年初变化不大，仅增长 0.73%。

CPI 指数是金融安全指数值的重要依据。南非国内一直以来有较大的通胀压力，受新冠肺炎疫情影响，其 CPI 指数自 2020 年第二季度起出现一定程度的下降，国内长期的通胀压力有所缓解。在房价指数方面，南非出现一定程度的下降，且降幅主要集中在 2020 年中期。

在 GDP 方面，南非受新冠肺炎疫情的影响明显，不仅各季度 GDP 的同比增幅为负，其 2020 年第二季度的 GDP 较第一季度环比也出现了明显的下滑。而中国的 GDP 仅在第一季度受新冠肺炎疫情影响明显，其余三个季度均有较高的增长。在外债方面，南非同样遭受了较大的打击，虽然其外债规模在 2020 年年内呈正增长，但是此次年内的增长建立在南非第一季度外债大幅下跌的基础之上。南非的外债规模在第一季度下跌，外债水平回到 2017 年的水平。

随着新冠疫苗的问世，全球主要国家的新冠肺炎疫情得到了一定程度的控制，全球经济出现一定程度的回暖。南非的金融安全指数值也因此得到一定程度的提升。在汇率方面，南非兰特的汇率在 2021 年年内整体处于震荡调整的状态。虽然兰特的汇率在上半年出现较大程度的升值，但是其下半年的贬值程度相对更大，兰特的价值在年末时较年初下降 9.13%。

从股票综合指数看，南非的综合股指有较好的表现。在 2021 年前三个季度中，南非的综合股指虽有震荡，但是整体处于上扬状态，而在第四季度则出现较大幅度的上涨，使其年内股指涨幅达到 17.99%。在利率指标的国债表现上，南非的国债利率 2021 年表现为不断震荡上行的态势。

在外汇储备方面，中国与南非在 2021 年第一季度均出现了一定程度的下降，随后出现连续三个季度的增持。其中，南非的外汇储备在 2021 年 9 月出现一次大幅的调整，而其余月份的增幅较小。

南非在 2020 年短暂地摆脱了通胀的压力，但是在 2021 年，其 CPI 指数仅在第一季度维持在3% ~3.5%的水平，自第二季度起，回升到往年的平均水平。在房价指数方面，南非的房价指数则是呈现“两阶段”分布：在2021年上半年，南非的房价指数在2.5%附近震荡调整，而在下半年，攀升至4.2%的水平。

在2021年，南非各季度的GDP增长较往年同期均有所提升，但是整体水平较低，未恢复到新冠肺炎疫情前水平。不仅如此，南非的外债规模在2021年虽然整体有所提升，但是也仅达到其2018年的外债规模。参见图43。

八、英国金融安全指数分析

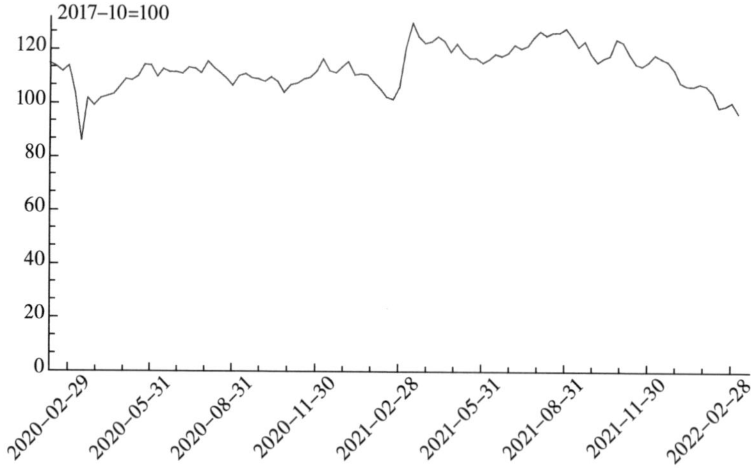

图44　英国金融安全指数走势

自2020年1月31日起，英国正式脱离欧盟。在随后的几年中，英国的贸易流动虽然没有出现明显的中断，但整体活跃度低于预期。加上新冠肺炎疫情的严重影响，英国经济2020年收缩了9.4%，经历了比其他G7国家更严重的衰退。随后，在数十亿英镑的政府援助刺激下，英国的就业情况有所好转。英国2021年GDP增长7.5%，创下自1941年以来的最大增幅，成为当年经济增长最快的发达经济体，但其GDP水平仍仅回到新冠肺炎疫情前水平。虽然2021年GDP的提升对英国而言是利好，但其国内面临着通胀的压力。

受到新冠肺炎疫情与脱欧的双重影响，英国在2020年的金融安全指数值出现了大幅降低。在汇率层面，英镑与美元的汇率年度变化幅度不大，年初英镑兑美元汇率为1∶1.32，而年末为1∶1.36。在2020年3月，由于新冠肺炎疫情在英国的暴发，其汇率出现短暂的较大幅度贬值。在3月初期，英镑兑美元汇率为1∶1.3，而在3月末期曾下行至1∶1.15。

从股票综合指数看，英国的综合股指呈现W形变化，受新冠肺炎疫情影响，其综合股指水平在3月出现大幅下跌，由年初的7500点跌至5000点。英国综合股指随后虽然有一定的涨幅，但是并未涨回到年初水平，并在年末收盘于6500点。在利率指标的国债表现上，英国国债利率则处于下行区间，由年初的0.85%下行至年末的0.25%。在外汇储备方面，英国的外汇储备全年处在上升的阶段。

与往年相比，英国的CPI指数与房价指数出现了较大的变化。英国2020年4月CPI指数同比增幅在年内首次出现低于1%的情况，意味着从第二季度起，英国开始面临一定程度的通缩问题。英国的房价指数同样出现了较大变化，整体呈现N形。英国在2021年年初，房价同比增长为1.85%，年末达到7.26%，全年仅第二季度出现短暂的下行。

在GDP方面，英国在2021年第二季度出现明显的下跌，且第三季度与第四季度的GDP均低于第一季度。

进入2021年，英国的货币价值未发生显著变化。英镑价值虽然在年内有提升，但变化比例较小。在年末，英镑的购买力较年初无变化。

从股票综合指数看，英国综合股指表现较好，全年呈现上涨趋势并在年末重新回到7400点水平。同时，英国十年期国债利率在年内也有一定的提升，由2021年年初的0.4%升至1.0%，利率回到2020年年初水平。

在外汇储备方面，英国的外汇储备则有较大变化。在2021年上半年，英国的外汇储备表现为下降趋势，而下半年英国外汇储备开始增加。特别是在8月份，英国外汇储备较上月提高12.12%。

英国CPI指数的同比增幅与房价指数的同比增幅，在2021年度均出现大幅增加。值得注意的是，英国CPI指数在2020年曾出现一定的通缩压力，然而在2021年同一时期，该指数呈现出较大的通胀压力。在8月末期，英国CPI指数首次突破3%，并在年末达到5.4%。英国的房价指数的变化幅度更大，年初为 6.4%，而年末则升至 10.32%。英国国家统计局（Office for National Statistics）报告也强调，房价的上行受新冠肺炎疫情影响。

在 GDP 与外债方面，英国重新恢复增长趋势。

结合中英两国在 2018 年至 2021 年的变化，我们发现两国的金融安全指数值差异主要体现在 CPI 指数与房价指数上。在 2018 年至 2019 年，英国相对变化幅度较低，使其在指数值上占有一定的优势。而受新冠肺炎疫情影响，英国的 CPI 指数与房价指数出现较大的变化。特别是房价指数，在 2021 年呈现大幅增长的状态。参见图 44。

九、德国金融安全指数分析

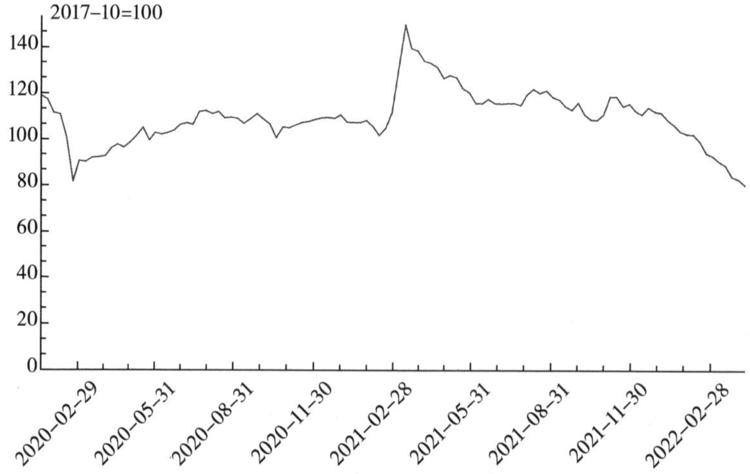

图 45　德国金融安全指数走势

据德国经济研究所估计，德国因受新冠肺炎疫情影响，在 2020 年以来的两年损失达 3500 亿欧元，其中主要来自消费的大幅减少和企业投资的削减。尽管如此，与欧洲其他大型经济体相比，德国的损失相对较低，主要得益于其核心产业为工业而不是旅游业及服务业。在新冠肺炎疫情期间，德国政府对企业的限制较小，除汽车行业外，许多企业都能继续经营。其汽车和机械工程行业虽然处于疲软状态，但制药行业的出口在不断地增加。

2020 年，德国的金融安全指数值低于中国的金融安全水平，特别是在年末受新冠肺炎疫情的影响，中德两国的金融安全水平差距进一步加大。

从汇率的角度看，欧元在年内出现了大幅的升值，且升值的区间主要集中在2020年下半年。在上半年，欧元在第一季度整体出现一定的贬值并在第二季度维持不变。值得指出的是，欧元汇率在3月出现较大幅度的变动。在2020年3月中旬，欧元较月初升值3.6%。在美国推出一系列金融政策之后，欧元的价值回到3月初期水平。从全年的汇率变化看，欧元升值幅度为9.82%。

在股票市场方面，德国的综合股指表现呈现深V形。在新冠肺炎疫情初期，德国法兰克福DAX指数表现平平，整体处于停滞状态。在2020年3月初期受美股影响，德国综合股指出现大幅度下跌，其最大跌幅达到31.74%，相较美股25.74%的跌幅，德国市场在同时期，多出了6%的跌幅。在十年期国债方面，德国的国债利率收益全年为负，其大幅下降出现在第一季度，在后三个季度呈现震荡下行的态势。

在外汇储备方面，德国的外汇储备虽然整体上行，但可以分为两个阶段：在1月至7月德国外汇储备水平处于大幅增持阶段，而在后5个月逐步降低。

CPI指数在金融安全指数值评级中发挥着重要的作用。从分析来看，德国的CPI指数变动幅度较大，且整体面临通缩压力。在第一季度，德国的CPI指数处于1.5%水平，自第二季度起，低于1%，特别是在下半年，德国的CPI指数同比为负。

在GDP方面，德国全年受新冠肺炎疫情影响，其GDP较2019年表现较差，每一季度的GDP均未超过其2018年最低值，其中以第二季度表现尤为明显，较第一季度GDP下降幅度为10.81%。

通过分析可知，德国金融整体在2020年存在较大的通缩压力，在下半年尤其严重。通过分析德国的汇率、股票综合指数，以及国债利率，我们发现欧元作为仅次于美元的货币，存在一定的优势。在新冠肺炎疫情全球蔓延的情况下，欧元的汇率持续走强。

欧元汇率在2021年上半年整体维持在一个相对稳定的水平。自8月起，欧元出现明显的持续贬值。在年初，欧元兑美元汇率为1∶1.23，而在年末，汇率降为1∶1.13，较年初贬值幅度为8.13%。

从股票综合指数看，德国的综合指数表现较好，全年呈现较高的涨幅。在利率的国债方面，德国全年国债利率处于负收益且整体变化呈现 M 形，但相较于其在 2020 年的水平，在 2021 年中整体有所提高，在第一季度呈现出一定降低，在随后的三个季度内稳步提升。

在 CPI 指数方面，德国整体处于上行阶段。德国的 CPI 指数在 2021 年上半年控制在 1% ~3%，表示国内的通缩压力有所缓解。在下半年，德国 CPI 指数持续上升，均高于 3%，并在年末达到 5.3%，标志着德国物价压力由通缩转为通胀。

在 GDP 方面，德国 GDP 指数虽然重新回到上扬状态但整体水平较往年偏弱。其中，第一季度与第二季度的 GDP 水平均低于其 2020 年第三季度，而第三季度与第四季度的 GDP 回到了新冠肺炎疫情之前的水平。

金融安全指数中这些指标说明，德国在 2021 年第一季度表现较好，特别是在 CPI 指数方面，摆脱了前两年的通缩压力。在下半年，德国的金融风险主要来自汇率的大幅下降以及通胀的压力。参见图 45。

十、法国金融安全指数分析

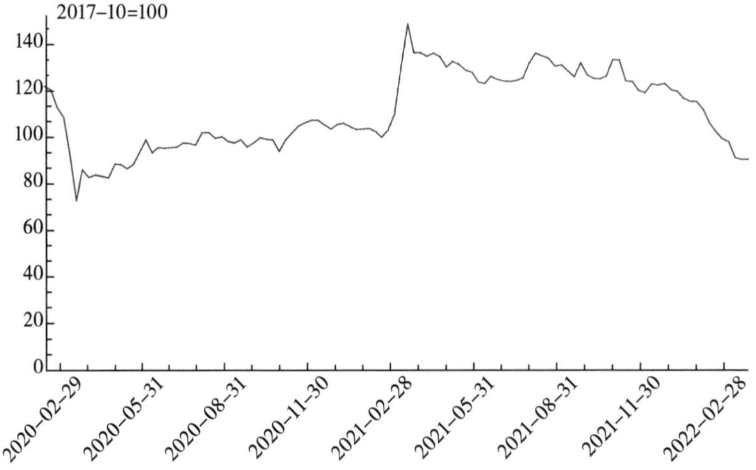

图 46　法国金融安全指数走势

根据法国官方公布的数据，虽然法国在 2020 年的经济下跌了 8%，但在 2021 年经济增长达 7%，这是法国在过去 52 年内未曾达到的数字，法国成为经济增长率最大的欧洲国家之一。除此以外，法国多项经济指标在2021 年度中表现良好，以就业指标为例，2021 年 12 月法国国民就业的 A 类失业注册人数下降 50 万，是自 1996 年以来单月下降幅度最高的纪录。当然，法国依然存在不少的问题亟待解决，为了减少新冠肺炎疫情带来的影响，法国 2020 年的财政赤字升至 1780 亿欧元。其出口下降 15. 8%，贸易赤字达 652 亿欧元。

在 2020 年，法国受新冠肺炎疫情影响，其股票市场与往年相比略显平庸。在新冠肺炎疫情暴发的 3 月，法国 CAC40 指数跌幅达 33. 89%，且在年末，法国综合股指并未回到新冠肺炎疫情前水平。在十年期国债利率方面，法国的国债利率波动曲线与德国相似，但变化幅度更大。在 3 月份，虽然法国的国债利率也处于下行，但整体下行幅度相对较低。在 3 月末期，法国国债利率出现过短暂的上行，从 -0. 383% 增长至 0. 169%，远超年初的 0. 02%。随着新冠肺炎疫情在法国的进一步扩散，法国国债利率逐步跌回到 3 月的最低值，并在年末达到 -0. 34%。

在外汇储备方面，在 2020 年 1 月至 7 月法国外汇储备水平处于大幅上行阶段，而在后 5 个月逐步降低。

在 CPI 指数方面，法国年内呈现下降趋势，且全年出现较大的通缩压力。法国仅在 2020 年 1 月和 2 月 CPI 指数同比增长超过 1%，在剩下的月份中，均低于 1%，且在 9 月和 10 月出现零增长。在房价指数方面，法国虽然整体变化不大，但房价指数呈跳跃式增长。在 2019 年年末，法国的房价同比增长仅为 3. 8%，而在 2020 年年初该指数升高至 4. 9%，并在年末达到 5. 8%。

法国的 GDP 总额，在第二季度出现明显的负增长，但其下降幅度较德国偏低。

由此可见，与往年相比，法国在股票市场、国债市场和 CPI 指数上表现欠佳，其主要问题在于国内较高的通缩压力和大幅上涨的房价。

在 2021 年的股票市场中，法国的综合股指表现恢复了以往的平稳和强劲，且全年整体波动幅度较低。法国股指全年上涨幅度为 27. 98%。在利率指标的国债表现上，法国国债利率 2021 年处于上行，在 5 月初期首次脱离负利率的阴影，虽然在 7 月一度下跌回负利率，但很快在 9 月重新反弹，并在年底达到 0.194%。

在外汇储备方面，法国的外汇储备整体呈现较大的波动，仅在 2021 年 8 月出现较为明显的涨幅。从全年的角度看，法国的外汇储备在年末较年初有所提升。

2021 年法国的 CPI 指数同比增幅出现一定的扩大，但是其波动率相对较低。其中，法国 CPI 指数仅在 2021 年 1 月与 2 月低于 1%，在其余月份中均维持在 1% ~3% 水平。在房屋指数方面，法国的房价指数同比增幅在年内不仅维持在相对高位，且涨幅较大。

在 GDP 和外债方面，法国恢复连续四季度上涨趋势。与德国不同之处在于，法国第一季度的 GDP 超过其 2020 年第四季度的 GDP，且在第二季度就回到新冠肺炎疫情前水平。参见图 46.

十一、加拿大金融安全指数分析

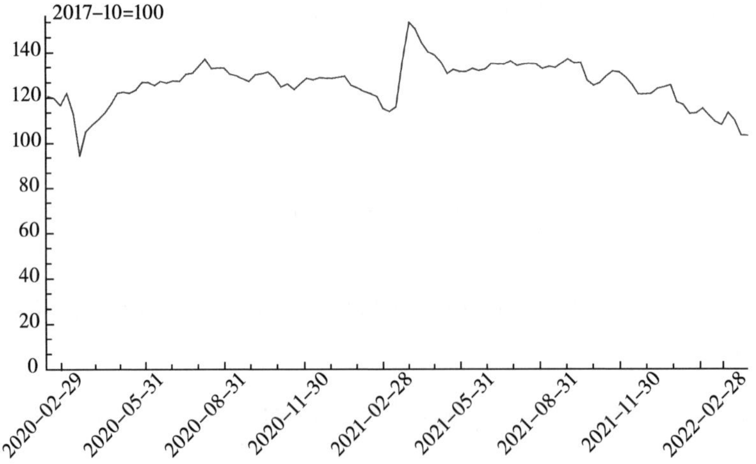

图 47　加拿大金融安全指数走势

和其他发达国家一样，加拿大受新冠肺炎疫情的影响，在 2020 年经济出现负增长。在隔离和减少流动等措施下，其国内企业经营、个人就业和家庭消费等各经济层面均受到严重影响。根据加拿大联邦议会预算署数据，加拿大 2020 财年赤字增至 1127 亿加元。在政府财政的支持下，加拿大经济状况在2021年得到一定的缓解，虽然国内仍有较大的失业压力存在，但其国内生产总值已回归到新冠肺炎疫情前水平。

在2020年，中国受新冠肺炎疫情影响，在疫情初期金融安全水平出现了一定程度的下降。与中国相比，加拿大虽然也受新冠肺炎疫情影响，但金融安全指数受影响程度偏大。从汇率的角度看，中加两国货币均出现先贬值后升值的状态，但加拿大元汇率受全球新冠肺炎疫情影响更为明显。加拿大元的贬值主要出现在2020年3月末期，从4月起，加拿大元汇率稳步上行。在年末，加拿大元的汇率较年初涨幅为2.3%。

在股票市场方面，受全球新冠肺炎疫情影响，加拿大综合股指在2020年3月初出现较大幅度的跌幅，随后稳步上涨，并在年末恢复到年初水平。在利率的国债表现方面，加拿大国债利率则一路走低，除3月出现较大的波动以外，整体波动较小。

加拿大的外汇储备在2020年上半年均处于震荡调整阶段，在下半年处于缓慢增长状态。

在CPI指数方面，2020年加拿大的CPI指数同比增幅从第二季度起小于1%，国内出现较大的通缩压力。值得指出的是，加拿大在2020年4月与5月的CPI指数低于0值的水平。在房价指数方面，加拿大的房价指数同比增长幅度则是不断上升，由年初的0.19%升至年末的4.64%。

在GDP方面，加拿大表现与其他各国相似，在2020年第二季度出现较大的减幅，且第三季度和第四季度的GDP均低于第一季度。在外债方面，加拿大外债在前三季度维持不变，仅在第四季度出现涨幅。

通过指数中各个指标，我们可以发现，加拿大的CPI指数、房价指数和外债指数在2020年下半年出现较大的问题，整体金融安全水平在第四季度出现一定程度的下降。

在2021年，加拿大元汇率整体维持不变，在第二季度呈现U形变化。

从股票综合指数看，加拿大综合股指表现较好，全年处于稳定上行的状态。在利率指标的国债表现上，加拿大国债利率整体上浮且呈现M形变化。其中加拿大国债利率在2021年第一季度大幅攀升，而在第二季度和第三季度出现一定程度的下降，第四季度整体变化较大，年末国债利率较年初提升幅度为108.82%，即74个基点。

在外汇储备方面，加拿大的外汇储备增幅出现在8月，其余时间均处于震荡调整阶段。

在CPI指数的表现方面，加拿大的CPI指数同比增幅有所扩大。加拿大CPI指数在第一季度维持在1%～3%，自第二季度起超过3%，国内出现通胀情况。在房价指数方面，加拿大的房价指数出现较大压力，在上半年加拿大房价处于高速上行状态，年初为5.42%，而年中达到11.89%。在下半年，加拿大房价指数虽然没有较大的变动，但整体维持在12%的高位。

在GDP方面，加拿大在2021年第二季度出现小幅下降，但全年整体处于上升阶段。在外债方面，加拿大整体处于上行状态。

通过分析，我们可以发现，加拿大的金融安全指数在年初有较大的提升，该提升来自各方数据的综合表现。而自第二季度起，加拿大的金融安全指数出现一定程度的下降。参见图47。

十二、澳大利亚金融安全指数分析

澳大利亚享有近30年不间断的经济增长，经济由具有弹性和多样性的竞争性产业组合支撑。当然，从图46中可以看出，自2020年开始，澳大利亚的金融安全也面临着一定的挑战。自2019年9月开始，因天气炎热加上干燥，澳大利亚发生山火，这对其经济，尤其是旅游业造成了直接而重大的影响。2020年年初，新冠肺炎疫情开始全球大暴发，更是造成了商品价格的下跌冲击。

在汇率方面，美元兑澳元的汇率在年内受新冠肺炎疫情影响明显，澳元的价值在2020年3月受到明显的冲击，出现大幅度的贬值，在最严重的时候，贬值幅度高达28.57%。在经历过大幅贬值之后，澳元的价值开始出现缓慢升值，在年末，其汇率较年初提升10%。

从股票综合指数看，澳大利亚受新冠肺炎疫情冲击明显，在2020年3月，其综合股指较年初的最大跌幅曾达到32.98%。随后，澳大利亚的综合股指开始缓慢回调，但在年末才回到年初水平。在利率指标的国债表现

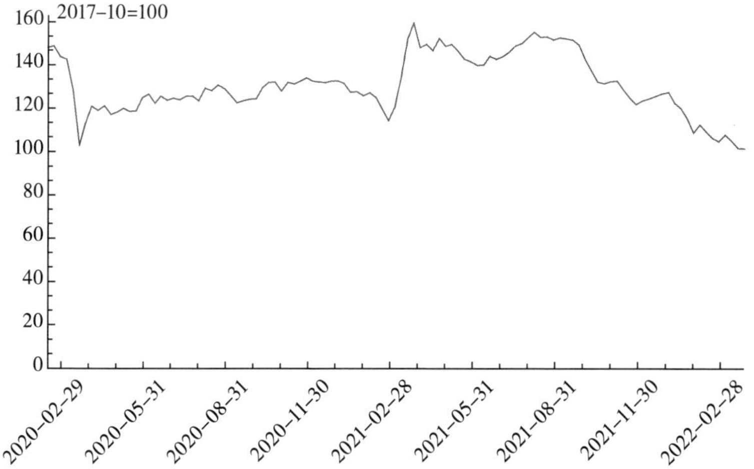

图 48 澳大利亚金融安全指数走势

上，澳大利亚的国债利率在 2020 年 1 月与 2 月出现大幅的下降，在 3 月时受新冠肺炎疫情影响出现大幅的波动，随后进入震荡调整阶段。在年末，其国债利率较年初降低 37.5 个基点。

受新冠肺炎疫情影响，澳大利亚的 CPI 指数在年内变化相对较小，其第二季度的 CPI 指数增长为负，国内出现较大的通缩压力。在第三季度和第四季度，调整回至接近 1% 的水平，其通缩压力已经得到较好的缓解。在房价指数方面，澳大利亚的房价指数波动程度较大；其 2020 年第一季度的房价较往年上涨 7.4%，与往年的房价变化指数相比，涨幅较大；在接下来的三个季度中，澳大利亚的房价指数开始出现一定程度的下降，直到第四季度，其房价增速才回到相对较低的水平。

在 GDP 方面，受到新冠肺炎疫情影响，澳大利亚在 2020 年各季度表现欠佳，不仅第一季度的 GDP 低于往年的同期水平，其第二季度和第三季度的 GDP 更是出现了负增长。虽然在第四季度时，澳大利亚的 GDP 在年内出现了较高的增长，但其同比增长依然为负。在外债方面，澳大利亚的外债规模在 2020 年第二季度出现大幅度下降，且第四季度其外债规模出现零增长。2020 年全年，澳大利亚外债规模自 2017 年基期以来首次出现年内负增长。

在 2021 年，澳元的汇率在上半年维持震荡调整的状态，而在下半年出现持续的贬值，其价值在年末时较年初下降 5.19%。

虽然澳元的汇率在年内出现一定的跌幅，但是澳大利亚综合股指的表现则较好。在 2021 年年末，澳大利亚的综合股指较年初增长 11.87%，且全年的波动较小。在利率指标的国债表现上，澳大利亚的国债利率呈 M 形变化，其年初的国债利率为 0.98%，而年末为 1.67%。

在外汇储备方面，澳大利亚的外汇储备则相对稳定，仅在 8 月出现一次大幅度增长。

在 CPI 指数上，澳大利亚的 CPI 指数则出现两极化变化：在第一季度，其 CPI 指数同比增长略高于 1%，国内经济处在通缩的边缘；而自第二季度起，其 CPI 指数则升至 3.5% 的水平，并在年内持续维持在 3% 以上，国内出现通胀的压力。在房价指数方面，澳大利亚的房价指数则是出现了飙升。在第一季度，澳大利亚的房价同比增长已高达 7.5%，在第四季度则进一步攀升至 23.7%。

在 2021 年，澳大利亚的 GDP 增速回到了新冠肺炎疫情前水平，但是其第三季度的 GDP 较第二季度有所下降，与往年的表现不同。在外债方面，澳大利亚的外债规模恢复了正增长，但是其第四季度的外债规模较第三季度有所下滑。

综合各项经济指标，我们可以发现，虽然澳大利亚的金融指数在 2021 年年初处于稳定且良好的阶段，但是在下半年整体表现欠佳。一定的通胀压力、持续的房价上行压力，促使其整体金融安全水平不断下降。参见图 48。

十三、韩国金融安全指数分析

2020 年新冠肺炎疫情的暴发，对世界各国的金融安全水平均造成了一定程度的冲击，相较之下，韩国受到的冲击较小。从汇率的角度看，虽然韩元的汇率在 3 月出现一定程度的贬值，但是与其他发达国家相比，韩元的贬值幅度较小。自 6 月起，韩元进入升值通道，并在年末时较年初升值 6.20%。

从股票综合指数看，韩国的 KOSPI 指数走势与中国的综合股指高度相

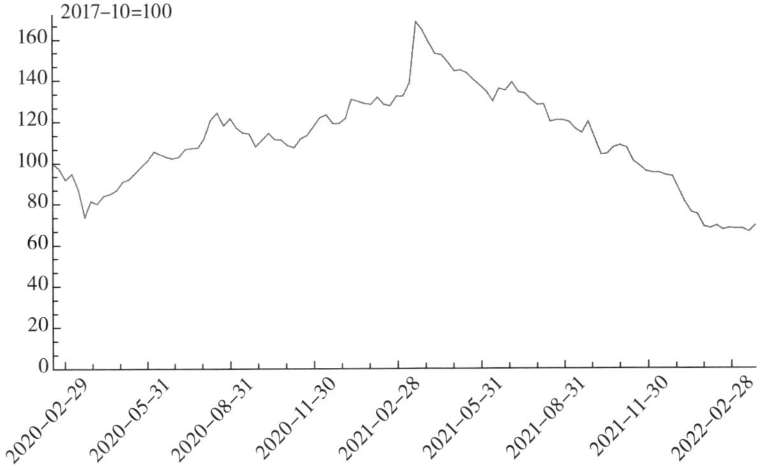

图 49 韩国金融安全指数走势

似，且其上涨幅度更大，在 2020 年年末时较年初上涨 32. 10% 。在利率指标的国债表现上，韩国的国债利率则是在 V 形的震荡中变化，其上半年处于震荡下行，而下半年则是震荡上行。在 2020 年年末，其国债利率较年初下行 7. 36% 。

在外汇储备方面，韩国的外汇储备在 2020 年第一季度出现一定程度的降低，并在随后的三个季度中，外汇储备不断增加。

在 2019 年，韩国就出现一定的通缩压力；受到新冠肺炎疫情影响，其通缩压力在 2020 年更加明显。在房价指数方面，韩国的房价开始出现飙升，在年初同比增长仅为 0. 58% ，而在年末就达到了 8. 35% 的高位。

2020 年第二季度韩国的 GDP 低于同期水平，但是自第三季度起，其已恢复到新冠肺炎疫情前的水平。在外债方面，韩国的外债规模增长高于往期水平。在 2019 年，韩国的第四季度外债规模较第一季度环比增长 6. 50% ，而在 2020 年，同期环比增长进一步升高至 11. 38% 。

虽然新冠肺炎疫情初期时韩国的金融安全指数值有一定程度的下滑，但是其各项金融指标在下半年内均表现较好，在 2020 年下半年超越中国。

从汇率的角度看，韩元的汇率自 2017 年基期以来，首次与人民币汇率变化呈相反的趋势。韩元的汇率在 2021 年出现震荡下行，并在年末时较年初贬值 9. 86% 。

从股票综合指数看，韩国的综合股指表现疲软。韩国的股指变化大体呈倒U形变化，其2021年上半年呈现出震荡上行的状态，而在下半年呈现持续下行的状态。在2021年年末，韩国的综合股指较年初涨幅仅为1.13%。在利率指标的国债表现上，韩国的国债利率在年内则以上升为主，仅在2021年11月和12月出现一定程度的下行。在年末，韩国的国债利率较年初提升137.8个基点。

在外汇储备方面，韩国的外汇储备走势相对简单，全年整体处在上升的趋势中。韩国的外汇储备在年末较年初提高了4.61%，其增长幅度约为中国的两倍。

韩国在2021年前三个季度，摆脱了其长年以来的通缩压力，其CPI指数整体维持在1%~3%。而在第四季度，韩国的CPI指数突破3%并在年末上升至3.5%，标志着韩国国内出现一定程度的通胀压力。在房价指数方面，韩国的发展是同样不容乐观。在2020年，韩国的房价就已经处于快速上涨的过程中，而在2021年，该趋势并没有得到任何的缓解。在2021年年初，韩国的房价指数同比增长了9.25%，高于其2020年年末水平。在2021年10月末期，韩国的房价指数同比增长更是达到了16.34%；虽然在11月和12月其指数出现一定程度的回撤，但是也依然高于14%。

在GDP方面，韩国的GDP保持着稳定的增速，其2021年的GDP超越了其新冠肺炎疫情前水平，标志着其经济增长重新回到了既定轨道上。

在外债方面，韩国保持其2020年时的快速涨幅，经济情况整体良好，持续吸引外资投入。

通过分析，我们发现，韩国的房价指数隐藏了一定的问题，过度上涨，一定程度上导致了金融安全指数值下降。参见图49。

十四、泰国金融安全指数分析

从图50中可以看出，泰国属于典型的开放性新兴经济体，金融安全程度波动较大。与全球金融联动的风险较大，与巴西类似，要么容易进入过度繁荣，要么剧烈衰退，稳健度较中国低。

2020年受新冠肺炎疫情影响，不仅泰国国内的旅游业受到了极大的冲

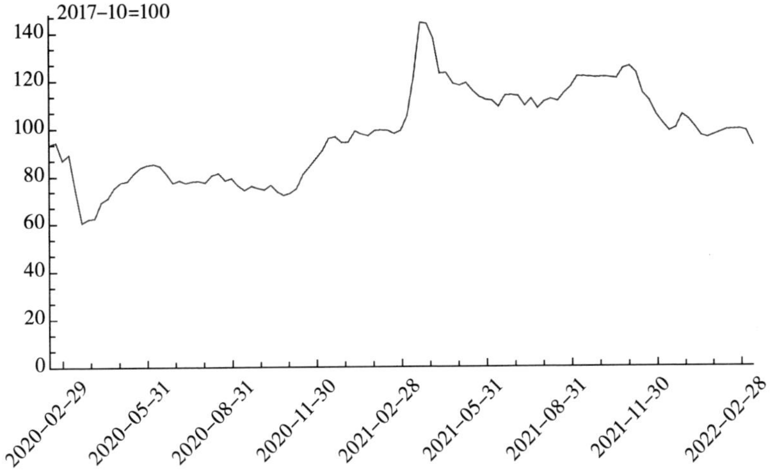

图 50　泰国金融安全指数走势

击，其进出口贸易也受到了较大的阻滞。从汇率的角度看，中国在 2020 年的汇率整体处于大幅上涨状态；而泰国的汇率在 2020 年整体的变化不大，泰铢年终时的价值，相较年初并未出现显著变化。但泰铢在 2020 年年内的变化幅度较大，首先在 2020 年 1 月至 4 月，泰铢存在着大幅的贬值，在 4 月初期达到全年的最高贬值幅度。在接下来的 3 个月中，泰铢却又迎来了一轮升值。而从 7 月起，泰铢的价值发生了多轮的震荡调整，直至 11 月。在最后两个月中，泰铢发生了年内的第二轮升值，并回到了年初的水平。

从股票市场上看，泰国的综合股指走势整体呈现 W 形。值得指出的是，泰国的综合股指在 2020 年第一季度发生了其年内最大的变化幅度，其年度初始综合股指为 1595. 82 点，为全年最高点，在 3 月中旬，其综合股指跌至 1035. 17 点，为全年的最低值，整体跌幅达到 35. 30%。随后，泰国的股指开始进入较快的上行区间，直到 6 月初期；随后，再次出现缓慢的下跌趋势。在 11 月，泰国的综合股指第二次上行，年末回到 1500 点水平。在利率指标的国债表现上，泰国的国债利率波动也较大。泰国的国债利率在 2020 年上半年出现较大的波动，然后在下半年逐步稳定，年末时较年初有 29. 5 个基点的较大幅度下降。

在外汇储备方面，泰国的外汇储备在 2020 年第一季度出现较小的下滑趋势。自第二季度起，泰国的外汇储备出现大幅度的上升。

泰国在 2020 年存在一定的通缩问题，全年仅 1 月和 2 月的 CPI 增长率为正，其余月份的 CPI 增长均为负数。特别是在 5 月末期，泰国的 CPI 同比增幅为 -3.44%。在房价指数方面，泰国的房价指数大致可以分为两个阶段：第一个阶段为 2020 年 1 月至 7 月，泰国的房价指数增长维持在一个较高的水平，在 5.5% 上下波动；而从 8 月起，泰国的房价增长较年初开始有所下降，维持在 3.8% 的水平并小幅波动。

受新冠肺炎疫情影响，泰国 2020 年的 GDP 水平较往年有大幅下降，且以第二季度的下滑最为严重。虽然泰国的 GDP 水平有所下滑，但是其外债表现较好，特别是在第四季度，泰国的外债规模有大幅度的提升。

从金融安全指数中各指标的反馈来看，泰国的整体经济情况在 2020 年度中表现较往年差，特别是在 CPI 指标中，泰国全年有较高的通缩压力。相对而言，泰国的外债水平在 2020 年第四季度有大幅提升，是各项指标中表现较好的一个。

在 2021 年，泰国的金融安全水平有较大程度的提升，其金融安全指数值在年中再次回到与中国相似的水平。从汇率的角度来看，泰铢的变化较为单一，但是变化幅度较大。全年处于贬值状态，且波动幅度较低。

从股票综合指数看，泰国的综合股指则更多是在震荡中上行。虽然全年波动较多，但年末较年初上涨 12.90%。在利率指标的国债表现上，泰国的国债利率表现较好，其国债利率在 2021 年年初为 1.135%，而在年末则上行至 1.95%。与此同时，泰国的外汇储备自年初起便开始不断震荡下降。

在 CPI 指数方面，泰国的 CPI 指数在年内变化幅度较大，从整体看，仅在 2021 年第一季度出现较为严重的通缩情况，而在余下季度中，其 CPI 指数在多数月份中也均控制在 1% ~3%。在房价指数方面，泰国的房价同比增幅维持在一个相对较低的水平内，全年整体维持在 1.2% ~2.6%。但是泰国的房价指数在 2021 年并没有明显的变化趋势，整体分布较为均匀。

在 GDP 方面，泰国的 GDP 较 2020 年有所提升，但并未恢复至新冠肺炎疫情前水平。值得指出的是，泰国的 GDP 在 2021 年并未保持之前的变化，第三季度取代第二季度，成为年内最低 GDP 水平的时期，但值得注意的是，其第三季度的 GDP 水平较 2020 年仍属于提升状态。在外债方面，虽然泰国的外债规模整体较 2020 年第四季度有所下跌，但与前几年相比，依然处于较高的水平。

由此可见，泰国的各项金融指标在 2021 年中较 2020 年有较高的提升，且具有一定的稳定性优势。

十五、印度金融安全指数分析

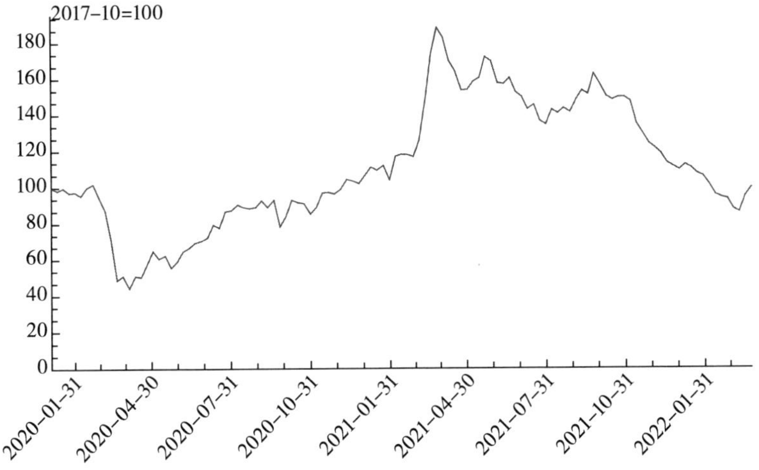

图 51　印度金融安全指数走势

印度国内的制造业虽然较发达，但是其 GDP 主要来自服务行业。也正是因此，在新冠肺炎疫情对全球经济造成冲击的时候，印度的金融安全指数值随着新冠肺炎疫情的发展而发生相应的变化。

如图 51 所示，特别是在 2020 年初期，印度的金融安全指数值出现大幅度的下滑。在汇率方面，印度卢比在 2020 年第一季度出现了大幅度的贬值，不仅如此，其贬值趋势一直维持到 4 月末，而其他国家的汇率水平多在 3 月末便出现了回升。虽然印度卢比价值自 5 月起开始触底升值，但是其恢复幅度非常小。在年末，印度卢比的价值较年初仍下降 2. 35% 。

虽然印度在汇率方面的表现欠佳，但是其股票市场的收益可观。在 2020 年，印度孟买敏感 30 指数在 3 月受新冠肺炎疫情影响，出现较大的下滑，但是很快就进入了稳定的上升期。在2020年年末，印度的综合股指较年初提升了15.60%。在利率指标的国债表现上，印度的国债利率在年内整体处于下行态势，仅在2020年8月出现一定的上行。在年末，印度的国债利率较年初下降60.7个基点。

在外汇储备方面，印度则是连续两年大幅增加，全年均呈现出较为稳定的增幅，在2020年年末，其外汇储备较年初提高24.29%。

印度的CPI指数同比增幅全年均维持在较高水平，其国内存在较大的通胀压力。受新冠肺炎疫情影响，2020年全年，印度的CPI指数曾出现较小的下降，但是并没有使其脱离通胀的影响。在房价指数方面，印度的房价同比增幅在上半年出现显著的下降，在下半年则回升至通常水平。

印度在2020年内，各季度的GDP受新冠肺炎疫情影响表现有所下降。虽然印度第一季度的GDP同比增幅为正，但增幅低于往年平均水平。在2020年第二季度，印度GDP受到的影响更加明显，较往年同比下降23.82%，直接退回至2015年同期水平。在第四季度，印度的GDP同比增长为正，但是增速尚未回到新冠肺炎疫情前水平。相较之下，中国在2020年第一季度GDP同比出现负增长，但是在第二季度便迅速恢复至新冠肺炎疫情前的水平。

印度的外债规模在2020年中呈U形变化，其下滑出现在第二季度。在第三季度和第四季度，印度的外债规模均有所增长，但年末的外债规模与年初相差不大。

由此可见，新冠肺炎疫情对印度在各方面均造成了较大的冲击，特别是在上半年的汇率、CPI、GDP和外债方面。这使得印度的金融安全指数值在全年出现较大动荡。

随着新冠肺炎疫情在全球逐渐被控制，对应的新冠疫苗也得以问世并开始大量生产。印度作为“全球药厂”，在2021年有所受益。在汇率方面，印度卢比的价值在年内出现一定的震荡，但是整体的贬值幅度并不大。在2021年年末，印度卢比的价值较年初下降1.74%。

从股票综合指数看，印度的综合股指则是连续第二年大幅上涨，与2020年不同的地方在于，印度的综合股指在2021年第四季度出现一定程度的下降，且整体走势较2020年出现更多的波动与调整。尽管如此，印度的综合股指在2021年年末较年初仍然提高了21.69%。在利率指标的国债表现上，印度的国债利率在年内处于整体上行趋势，虽然在第二季度出现较大幅度的回调，但是很快就在接下来的月份中被拉回至下降前水平。在2021年年末，印度的国债利率较年初上行56个基点。

印度的外汇储备在2021年第一季度出现一定程度的降低，随后进入稳定上行期。

在CPI指数方面，印度的CPI指数在年内呈随机分布特征，并没有明显的上行或者下行，全年CPI指数同比值在4%~6.5%。在房价指数方面，印度的房价增长指数在年内控制在3.3%~3.9%，整体表现良好。

在GDP的表现上，印度在2021年第二季度GDP同比增长幅度较大，但是其GDP尚未回到2019年同期水平。自第三季度起，印度的GDP大致恢复到新冠肺炎疫情前状态。在外债规模上，印度在2021年前两个季度的外债规模变化幅度不大，在第三季度时则出现了较为明显的增长。

虽然印度在2021年年初的金融安全指数值有较高的提升，但是受其国内长期的通胀压力，以及相对缓慢的GDP增长的影响，印度的金融安全指数值在年内稳定下降。

第七章

中国应对金融不安全的政策及资源空间

前述为各国金融安全指数变动和排名情况，这些排名的指数结果，已经融合了政府的调控和操作效果。但就各国潜在的应对能力看，较多国家在货币政策、财政政策、产业政策和行政政策上，还有较大空间。不同的国家，政策应对空间和资源空间不同，应对金融不安全的能力也不同。这些政策和资源空间，可以在金融不安全因素出现之后，通过跨周期、逆周期和跨市场、逆市场进行调控。为了反映金融安全的应对能力，在指数结果之外，还需要考虑各国政府的政策空间和资源余地。正如评价一个人的身体健康程度，除了考察身体本身指标构建的指数之外，还应适度考虑其“备药能力”和“治疗能力”。

第一节　应对金融不安全的政策及资源空间

根据政策支持和资源支持，可以将政策空间和资源空间分为多个方面。政策空间可以分为货币政策、财政政策和产业政策三类，资源空间可分为资源保障条件和人口质量条件两类因素。在这五类因素下，我们可以将其分为多个明细指标，如表 12 所示。

表 12　中国应对金融不安全部分政策及资源空间

政策及资源类别	指标	计算表达式	参考阈值（以美国、日本为例）	中国现状	中国可利用空间
货币政策支持金融安全	存款准备金率	央行存款准备金额/金融机构存款余额×100%	美国 5%；日本 0.8%	11.5%	6.5%～10.7%
	央行目标利率历史低值		日本 -0.1%；美国 0.04%	0.35%	0.31%～0.45%
	量化宽松空间	央行总资产/年 GDP 额×100%	美国 46%；日本 134%	34%	12%～100%
	官方储备金额		美国 250 亿美元；日本 0.13 万亿美元	3.39 万亿美元	3 万亿美元以上
	特别提款权		美国 52 亿美元；日本 624 亿美元	536 亿美元	-88 亿～484 亿美元
	资本账户行政可控程度	自由流动	自由流动	可控	

续表

政策及资源类别	指标	计算表达式	参考阈值（以美国、日本为例）	中国现状	中国可利用空间
财政政策支持金融安全	财政赤字率	公共财政收支总量差额口径/GDP×100%	美国-15%；日本-9.4%	-3.7%	6%~12%
	储蓄率	总储蓄/GNI	日本27%；美国18%	44%	17%~26%
	收入均衡程度	一国前10%人群财富占比	美国71%；日本45%	37%	8%~34%
产业政策支持金融安全	城市化率	城市人口/总人口	日本91.4%；美国82.2%	59.1%	23%~32%
	资本市场可发展空间	股市市值/GDP	美国约180%；日本约120%	80%	40%~100%
	全球化脱钩难度	出口金额占世界比值	美国8%；日本4%	15%	紧密程度高出7%至11%
	外国资本流入	外国投资者在本国的FDI流量投资	美国1560亿美元；日本10亿美元	1490亿美元	-70亿~1480亿美元
资源保障金融安全	能源自给率		日本13%；美国81%；	84%	高出3%~71%
	粮食自给率		美国147%；日本37%	95%	
	水资源紧张度	取水量占可利用淡水量比例	美国28%；日本37%	42%	5%~14%
	医疗保障程度	在医疗支出占家庭收入超10%的人群比例	美国4.3%；日本10.5%	24%	13.5%~19.7%

续表

政策及资源类别	指标	计算表达式	参考阈值（以美国、日本为例）	中国现状	中国可利用空间
人口质量支持金融安全	高等教育比例	高等院校入学率	美国 89%；日本 54%	48%	6% ~41%
	老龄化人口比例	65 岁及以上人口占比	日本 28.5%；美国 16.5%	13.5%	3% ~15%
	抚养比	每 100 名工作年龄人口中受抚养人（老人 + 少儿）的比例	日本 69%；美国 54%	42%	12% ~27%
	医疗保障程度	在医疗支出占家庭收入超 10% 的人群比例	美国 4.3%；日本 10.5%	24%	13.5% ~19.7%
	吸引移民比例	年净移民人口规模	美国 103 万；日本 59 万	中国 -174 万	233 万 ~277 万

数据来源：世界银行、WTO、美国经济分析局、各国央行及财政部等。

*说明：表内为 2020 年左右的数据。

第二节　应对金融不安全的措施说明

从表 12 中可以看出，中国可以在多个方面实施相关措施，应对金融不安全。

一、货币政策方面的金融不安全应对空间

在货币政策支持金融安全方面，还存在较大空间：一是存款准备金率还有继续下调 6.5% ~10.7% 的空间；二是降息空间也还较大，相比于美国和日本的负利率及零利率，尚有 35 个基本点（basis point，BP）的大幅空间；三是实施量化宽松（quantitative easing）甚至是双宽松（quantitative and qualitative monetary easing）的空间均较大，央行可以购买的资产规模数额至少还有 10 万亿甚至 100 万亿元人民币。除此之外，中国在外汇储备规模方面巨大，远超日本等国，可以有效应对汇率的波动冲击。中国在 IMF 的特别提款权等储备资产也较大，均对国家金融安全形成了有效支撑。

二、财政政策方面的金融不安全应对空间

在财政政策支持金融安全方面，也存在较大操作空间：一是在财政赤字率方面，中国的赤字水平较低，实施财政政策的空间还较大。二是中国拥有较高的储蓄率，储蓄在政策恰当时可以有效支持消费，也可以通过金融机构转化为投资，并对维持资本积累的稳定性提供强有力的支持。三是收入均等方面不存在严重失衡，不同于美国，其 10% 人口占据高达 71% 的财富，我国财富集中程度较低。这样，一方面为转移支付的财政政策提供了操作空间；另一方面让中国有较为充足的空间实施共同富裕政策，不至

于为急剧降低财富不均衡而破坏经济效率，引发金融不安全。除此之外，较为均衡的财富状态，形成了较高的金融安全度，有利于社会的稳定，有利于推进其他方面的改革。

三、产业政策方面的金融不安全应对空间

在产业政策支持金融安全方面，中国尚存在较大发展空间：一是中国的城市化率尚不高，相比日本还差30%以上。城市化进程的推进，有利于产业结构的转型，从而使得服务实体经济的金融结构也更加合理，有利于金融安全的提升。二是中国的资本市场深化程度尚有巨大空间，上市公司数量和估值均有大幅提升空间，资本市场的发展，有利于反哺实体企业的创新优化，从而改善企业的经营质量，直接促进企业部门的金融安全和其他如居民部门、政府部门的金融安全。三是中国的产业齐全，与全球的融合度较深，出口占比全球很高，难以从全球脱钩，即使遭遇制裁等不利因素，因较强的产业黏性，也存在较大的“腾挪”空间，强化了金融安全的韧性。不仅如此，中国持续吸引外国资本流入，FDI金额较大，为中国带来了金融资源的同时，也直接促进了中国生产能力、产出和就业的增长。

四、资源保障对金融不安全的支持空间

中国较强的自然资源保障能力，为金融安全提供了基本支撑：一是能源自给率较高。虽然能源结构不够优异，缺油少气但富煤，总体能源自给率比日本高出70%以上，为不受能源枯竭或断供的干扰提供了强有力的后盾支持。二是粮食自给率也较高。尽管不及美国等超100%的过度充裕状态，也接近100%的程度，粮食安全为金融安全提供了有效支持。三是水资源能力具有支撑性。用水的紧张度尽管高于美国，但与日本较为接近。总体上，较强的自然资源保障能力，为金融安全提供了面临冲击的有效支持。

五、人口质量对金融不安全的支持空间

人口质量成为现代经济发展的核心要素，是金融保持安全的长期支撑

条件：一是中国的高等教育入学率尚有提高空间。相比美国还差40%以上，可适度扩大硕博培养，以高质量人才发展高精尖经济，支持金融安全的提升。二是中国的老龄化尚有一定的时间距离。若触达日本的老龄化率，尚需要翻近一倍的比率，中国可以有效利用高老龄化率达到之前的时期，加速发展高质量经济，避免未老先衰，为未来老龄化结构下的金融安全打下基础。三是医疗保障措施。中国尚可以提高保障程度，降低医疗支付比例，增加社会稳定性，为经济提供稳定的劳动力供给，促进金融安全。四是可以增加移民吸引力。改善民生环境，吸引全世界高质量人才流入中国，改善中国作为净流出国的现状，以高质量人才促发展，以高质量发展促金融安全。

总之，中国在多个方面具有维持金融安全的资源优势，也具备较多可应对的政策工具和政策空间，还存在较大可改善优化的地方，还可以继续深化改革、扩大开放、吸引人才，提升金融安全。图52为中国应对金融不安全的政策及资源空间总结。

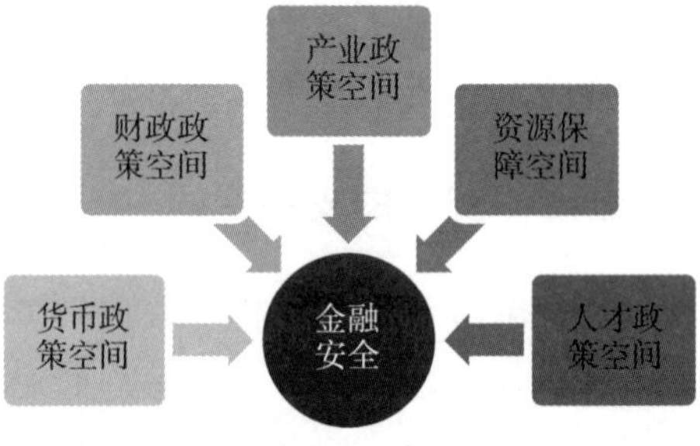

图52　中国应对金融不安全的政策及资源空间总结

第八章

国别金融安全指数的后续研究展望

国别金融安全指数作为金融安全指数系列之一，较为全面地反映了国家金融安全本质、突出了金融风险导向，从风险识别计量出发，提供前瞻性预警价值和政策建议。

为了提高金融安全立体监测精度，后续不仅将持续完善和优化国别金融安全指数体系，还将在自上而下的分析体系下，构建与此对应的其他金融安全指数，建立金融安全网。

具体而言，随着国内金融存量风险不断化解，各类高风险机构得到有序处置，国内金融安全细节还可以在多个方面探索研究。

一是国内区域金融安全、行业金融安全和金融机构、金融产品安全的指数研究。中国各省市以及各行业在金融安全上存在一定差异，为了促进区域经济和行业经济发展，将加大对重点区域、重点行业的金融安全监测，形成区域金融安全指数和行业金融安全指数。与此同时，各类金融机构及其发行的产品，影响金融运行与居民财富的安全，课题组将推出与此相关的金融安全指数。

二是国内金融违规违法犯罪的安全指数研究。用以反映和测度包括规避监管获得控制权、公司治理和内部控制失灵、以关联交易掏空金融机构、风险长期隐藏导致处置困难等内容的金融安全监测。

三是金融科技中技术不安全的指数研究。人工智能、区块链、云计算、大数据、物联网等在技术上并非完美，在空间上也不绝对安全。提高金融科技核心技术自主创新能力，防范金融科技自身风险，从国家总体安全观的高度来谋划金融科技自身安全的提升，从技术安全观的角度形成一系列提高金融科技安全能力的策略，金融科技安全指数十分必要。

四是金融运营中数据不安全的指数研究。数据获取、数据使用、数据处理、数据保护、数据跨境监管等环节都存在不同程度的安全隐患。必须在这些环节构建数据安全的多道防线，坚持总体国家安全观，坚持安全风险防范与数字经济发展并重，努力实现保护利用数据和维护国家安全两大目标，做好指数研发。

我们相信，各类金融安全指数的构建，有助于加强国家金融安全能力建设，切实保障国家金融安全。从金融风险的发展源头、金融风险的影响因素、金融风险的作用特性、金融风险的危害效应等方面，较以往以更加深刻、透明的方式认识金融风险。随着国别金融安全指数等一系列国家安全指数的逐步优化与补充，可实现“金融风险预防—金融风险分析—金融风险防御—金融风险处置”四位一体的金融风险防范应对体系。

金融越发展，金融安全越重要。要持续做好金融安全研究，统筹国内金融安全和国际金融安全两个大局，从“国家与国家、国家与金融、国家与科技”多个维度来构建新的国家金融安全网，全面提高国家金融安全能力。

参考文献

[1]蒋海，苏立维．中国金融安全指数的估算与实证分析:1998—2007[J]．当代财经,2009(10).

[2]雷进贤．中国宏观审慎统计指标体系构建研究[J]．西南金融,2017(12).

[3]何德旭，娄峰．中国金融安全指数的构建及实证分析[J]．金融评论，2012,4(5).

[4]顾海兵,张安军．我国区域经济安全动态监测分析[J]．经济理论与经济管理,2012(7).

[5]曹小林．基于贝叶斯网络模型的个人信用评价[J]．统计与决策,2020(10).

[6] Evaluation of Leading Indicators of Innovation. World Economic Forum. www. weforum. org.

[7]易纲．再论中国金融资产结构及政策含义[J]．经济研究,2020(3).

[8]杨子晖,陈里璇，陈雨恬．经济政策不确定性与系统性金融风险的跨市场传染:基于非线性网络关联的研究[J]．经济研究,2020(1).

[9]宫晓琳，彭实戈，杨淑振,等．基于不确定性分布的金融风险审慎管理研究[J]．经济研究,2019(7).

[10]王国静，田国强:金融冲击和中国经济波动[J]．经济研究,2014(3).

[11] 张成思,刘贯春．经济增长进程中金融结构的边际效应演化分析[J]．经济研究,2015(12).

[12] ACHARYA V, YORULMAZER T, SANTOS J A C. Systeic risk and de-

posit insurance premiums[J]. Social Science Electronic Publishing, 2010, 16: 89 - 99.

[13] ALMEIDA H, LIU C C. The financial accelerator: evidence from international housing markets[J]. Social science electronic publishing, 2006, 10(3): 321 - 352.

[14] BRUNNERMEIER M K, PEDERSEN L H. Market liquidity and funding liquidity[J]. Social science electronic publishing.

[15] LUCCHETTA M, NICOLO G D. Systemic real and financial risks: measurement, forecasting, and stress testing[J]. Social science electronic publishing, 2010, 12(58).

[16] GRAY D F, JOBST A A. New directions in financial sector and sovereign risk management[J]. Social Science Electronic Publishing, 2010:7.

后　记

金融是现代经济的核心，金融安全是国家安全的重要内容。

清华大学成立金融安全中心，正是响应时代需要，为国家金融安全、地方金融安全、行业金融安全建言献策，为社会贡献一份学术力量。

考察一国总体的国家金融安全程度，直观可靠的信号系统是构建国别金融安全指数。利用国别金融安全指数这一信号器，可以获得国家金融安全变化趋势，了解国家金融安全所处状态和发展趋势，获得一国金融安全的比较基准和参照体系，有利于相关金融政策的制定。

清华大学金融科技研究院金融安全研究中心通过对全球15个国家经济体的金融安全研究比较，将国别金融安全指数的成果以《金融安全指数报告（国别版）》的形式付印成册，旨在对国别金融安全指数的背景意义、差异性价值、构建原则、评价方法、合成算法、应用效果进行翔实的分析和说明。

在《金融安全指数报告（国别版）》研究和编制过程中，得到许多机构和朋友的支持，特别致以谢意。

首先感谢中科金审（北京）科技有限公司、吉大正元信息技术股份有限公司，对指数研发的大力支持。同时，感谢北京金融科技研究院副院长张翼飞博士的支持与帮助。此外，感谢课题组成员马玉莹、杨嘉成、李盟、张博祎、叶子文，在《金融安全指数报告（国别版）》撰写过程中的辛勤付出。

《金融安全指数报告（国别版）》是课题组全体同志合力完成的研究成

果，由于这是一项创新性研究，难免存在纰漏与疏忽，恳请大家批评指正。未来，我们将继续深入探索金融安全指数，期待为国家、市场和社会贡献一份绵薄之力！感谢关注、关心金融安全的朋友们。

清华大学金融科技研究院金融安全研究中心

2022 年 3 月